云岭旅游规划丛书

U0754212

文山州全域旅游开发研究

Research on the Development
of All-for-one Tourism in Wenshan

田　里　陈永涛　等著

中国旅游出版社

总　序

　　旅游学科是一门典型的应用型学科，大量的理论归纳与升华来自于旅游业的产业实践，而相当多的理论命题又需要在旅游产业实践中加以检验与印证。正是基于此，云南大学旅游学科团体将近5年来承担并完成的10项实践项目成果予以集结出版。这涉及三个层次的旅游规划与开发项目：一是区域旅游发展规划，包括曲靖市乡村旅游发展规划、保山市珠宝旅游发展规划、文山州全域旅游发展规划；二是大型旅游区规划，包括普者黑国家度假公园、彝人圣都主题旅游区、大峡谷野奢温泉旅游区；三是旅游景区规划，包括广南地母文化旅游区、香坪山芳香旅游区、曼飞龙白塔旅游区、林果飘香田园综合体。这些旅游规划在研究方法上采用了应用经济学、工商管理、区域地理学、调查社会、图形分析等的研究方法，反映了旅游学科的综合应用型特征；在内容分析上，以内涵挖掘、主题策划、项目构思、营销整合等特色反映了团队的创意激情与精心构思，体现出旅游学科注重创新与创意的浪漫情怀；在表达方式上，应用了文字描述、表格表达、图形分析、视频表现等方式，使成果更具表现力与传播力；在团队组织上，会聚了旅游、管理、经济、文化、地理、生态、建筑、设计等学科成员，这既需要团队每个成员最大限度地贡献自己的智慧与知识，又需要建立团队紧密的合作机制与高超的协作分工；在研究心理上，当你全力以赴地探索与思考研究对象时，你会找到从事应用型项目研究的乐趣与奉献智慧才华的满足。是的，当你竭尽全力去完成一个研究项目的时候，当你的成果受到认可与肯定的时候，你才会体会到生命的价值与学术的尊严。

田里

2017.11

序　言

  《文山州全域旅游开发研究》完成于 2017 年。根据国家《旅游规划通则》，该项目属于区域旅游发展总体规划。规划的顺利推进是规划项目组与地方政府双方集体智慧的结晶，是在双方的密切配合、反复研讨、深入思考下形成的最终成果。规划项目组的工作主要从两个方面开展：一是重视现场，规思结合。项目组分成南北中三个小组，分别对文山州北部两县（丘北县、广南县）、中部三县市（文山市、砚山县、西畴县）、南部三县（富宁县、麻栗坡县、马关县）进行深入调查走访，搜集文字资料，强化规划地现场感受认知，将文字与当地实际相结合。二是趁热打铁，政学沟通。项目组通过近 20 天的调查走访，初步形成文山州未来旅游发展方向、重点项目、空间布局等关键内容，通过召开文山州相关职能部门旅游规划座谈会，将项目组的初步设想与当地实际进行初次比对，获得发展思路的统一，并在之后的数次沟通中不断补充完善。地方政府在规划完成过程中并不是被动的规划委托方，在密切配合项目组搜集数据资料的基础上，也以一种主人翁的负责任态度积极参与到规划的编制与论证中来。通过多轮的双方见面会、意见沟通会、现场说明会等形式充分吸纳双方的创意与优势，开创了一条政学配合，既发挥项目组能动性、创造性，又结合地方政府主动性、特色性的规划道路。这不仅是全域旅游的内容要求，同时也是全域旅游的主体要求。该规划在常规内容的基础上，提出"全链要素产业、全业产业融合、全境共享服务"，在充分理解国家全域旅游战略与云南省打造健康生活目的地的背景下，在云南省州市一级率先提出"山水田园健康生活旅游目的地"，推动文山州旅游极核裂变、跨越发展。《文山州全域旅游开发研究》是在《文山州全域旅游发展规划》基础上将总体规划、专题研究、规划图集三项成果提炼完成的成果。今集册出版，既是对文山州全域旅游打造"健康旅游生活目的地"的准确判断，也是将项目团队研究工作与业界同行分享的情怀执念。

  是为序，望同行专家不吝赐教。

田里

2018.11

研究人员

组　长： 田　里　云南大学工商管理与旅游管理学院　博导、教　授

副组长： 陈永涛　云南大学工商管理与旅游管理学院　博士、副教授

成　员： 张鹏杨　云南大学工商管理与旅游管理学院　博士、讲　师

　　　　　钟　晖　云南大学工商管理与旅游管理学院　博士

　　　　　徐尤龙　云南大学工商管理与旅游管理学院　博士

　　　　　王　桀　云南大学工商管理与旅游管理学院　博士、副教授

　　　　　杨　懿　云南大学工商管理与旅游管理学院　博士、副教授

　　　　　唐夕汐　云南大学工商管理与旅游管理学院　博士研究生

　　　　　柯又萌　云南大学工商管理与旅游管理学院　博士研究生

　　　　　常　飞　云南大学工商管理与旅游管理学院　硕士研究生

　　　　　张永辉　云南大学工商管理与旅游管理学院　硕士研究生

　　　　　刘　莎　云南大学工商管理与旅游管理学院　硕士研究生

　　　　　卞　芳　云南大学工商管理与旅游管理学院　硕士研究生

　　　　　杨雨潋　云南大学工商管理与旅游管理学院　硕士研究生

　　　　　田　媛　云南大学工商管理与旅游管理学院　硕士研究生

　　　　　席婷婷　云南大学工商管理与旅游管理学院　硕士研究生

· CONTENTS · 目录

第一部分 主题报告

一、规划总论

（一）规划性质

该规划属于旅游发展总体规划，是统领文山壮族苗族自治州（以下简称文山州）旅游业发展全局的系统规划。内容包含旅游条件、旅游资源、旅游市场等基础分析，发展战略、空间布局、功能分区、旅游项目等布局规划，基础设施、旅游设施、资源保护等配套规划，市场营销、人力资源、运营管理等对策措施建议。

该规划也是旅游产业的提升规划，即在整合全州各种资源、吸收各县市发展意见、借鉴国内外成功案例、结合旅游发展趋势等基础上进行创新规划，以实现重新定位、优化布局、提升产品、创新业态、增强竞争力的规划目标。

（二）规划范围

规划范围为文山州全境，国土面积 31456 平方千米，辖文山、砚山、丘北、西畴、麻栗坡、马关、广南、富宁 8 县（市）。

（三）规划时限

规划时限为 2016—2025 年：近期（2016—2020 年）为重点项目建设期，远期（2021—2025 年）为项目建设深化期。

（四）规划目的

在全域旅游战略背景下，为文山州指明未来旅游业发展方向，合理配置旅游休闲健康设施，全力塑造休闲、健康、度假的旅游环境。

通过规划，实现以下六个方面的目标任务：

1.分析旅游发展环境。通过规划，全面考量国内外旅游发展趋势、云南省旅游发展态势、文山州旅游业面临的竞争环境，系统分析旅游市场需求、游客消费特点、市场热点卖点，透视文山州旅游发展潜力、周边线路组合、旅游发展竞争策略。

2.挖掘资源旅游价值。通过规划，系统识别文山州各县市的旅游资源价值，充分挖掘文山州各旅游资源的休闲度假价值、养生适宜价值和游览观赏价值，分析文山州旅游资源特色与旅游吸引力方向，建立文山州的旅游资源景观系统。

3.构建旅游发展战略。通过规划，确立文山州旅游发展思路与方向，明确文山州旅游发展重点与时序，定位文山州旅游发展目标，策划文山州的旅游项目、旅游业态、旅游亮点，提出文山州旅游竞争力的策略，构建文山州旅游业发展战略体系。

4.建立要素空间布局。通过规划，定位文山州旅游业片区格局、旅游区层次、景区分布、功能配置、设施建设等空间布局，梳理文山州旅游产品体系，建立文山州旅游业空间系统，形成文山州的旅游产业要素的空间配置体系。

5.建立游览线路系统。规划通过建立文山州旅游项目体系，以旅游项目为支撑，梳理文山州各旅游景区的旅游线路，建立文山州的内部游览系统，规划州内互动与周边联动的线路，衔接国内线路与国外线路。

6.提出旅游对策措施。通过规划，在政策导向、资金安排、组织构架、形象推广、县市协调、基础设施、旅游设施、标识系统、投资规模等方面，提出有针对性和可操作性的对策与措施。

（五）规划原则

把握文山州旅游发展全新环境，利用旅游发展后发优势，以"山水田园"理念统摄全局，挖掘文山州旅游发展潜力，引进大企业投资大项目，最终将文山州打造成为"山水田园健康生活旅游目的地"。文山州全域旅游规划主要遵循以下原则：

1.主题化原则。从空间布局、产品策划、项目开发等角度全力贯彻主题化原则，向每个主题优选条件适当项目进行全方位倾斜，以期形成在区域内或国内外有影响力的山水田园休闲健康旅游区。

2.融合化原则。充分发挥旅游的关联带动作用，发挥旅游在工业化、信息化、城镇化、农业现代化新四化建设中的"催化剂"功能，促进旅游与经济、文化、社会、生态文明建设的融合。

3. 可操作原则。旅游规划的生命力在于规划蓝图的科学合理及后续具体实施的可操作性。为保障规划的可操作性，需要加强案例对比分析、实地调查踏勘与多方交流沟通，力争规划从室内走向室外，从墙上走到地上。

（六）规划依据

1. 法律法规

《中华人民共和国文物保护法》（1982）；

《中华人民共和国环境保护法》（1989）；

《中华人民共和国水土保持法》（1991）；

《中华人民共和国农业法》（1993）；

《中华人民共和国水污染防治法》（1996）；

《中华人民共和国森林法》（2000）；

《中华人民共和国水法》（2002）；

《中华人民共和国土地管理法》（2004）；

《中华人民共和国城乡规划法》（2007）；

《中华人民共和国旅游法》（2013）；

2. 规范意见

《滇东南喀斯特山水文化旅游区发展规划纲要》（2004）；

《云南省旅游产业发展和改革规划纲要》（2009）；

《国务院关于加快发展旅游业的意见》（2009）；

《滇桂黔石漠化片区区域发展与扶贫攻坚规划（2011—2020年）》（2012）；

《云南省委、省政府关于加快旅游强省建设的意见》（2013）；

《国民旅游休闲发展纲要（2013—2020）》（2013）；

《旅游质量发展纲要（2013—2020）》（2013）；

《国务院关于促进健康服务业发展的若干意见》（2013）；

《云南省大旅游产业建设方案（2014—2020）》（2014）；

《云南省人民政府关于促进健康服务业发展的实施意见》（2014）；

《国务院关于促进旅游业改革发展的若干意见》（2014）；

《中医药健康服务发展规划（2015—2020年）》（2015）；

《左右江革命老区振兴规划（2015—2025年）》（2015）；

《关于促进中医药健康旅游发展的指导意见》（2015）；

《关于印发乡村旅游扶贫工程行动方案的通知》（2016）；

《关于促进自驾车旅居车旅游发展的若干意见》（2016）。

3. 行业标准

《旅游规划通则》（GB/T 18971—2003）；

《旅游景区质量等级的划分与评定》（GB/T 17775—2003）；

《旅游资源分类、调查与评价》（GB/T 18972—2003）；

《旅游发展规划管理办法》（国家旅游局令第 12 号，2000 年 10 月）；

《风景名胜区条例》（国务院，2006）。

4. 地方规划

《文山壮族苗族自治州旅游发展规划》（2002）；

《文山州土地利用总体规划（2006—2020）》（2006）；

《云南省文山州旅游休闲度假基地总体策划（2011—2020）》（2011）；

《文山州"三农"发展大规划（2013—2020）》（2013）；

《文山州综合交通发展规划（2014—2030）》（2014）。

二、全维发展态势

（一）旅游发展意义

1. 促进文山州经济转型的重要动力

（1）文山经济规模不大

总量核算，2015 年云南省国内生产总值达到 13619 亿元，文山州 670 亿元，仅占全省总额的 5%，即 1/20，总体经济规模较小。横向比较，2015 年云南省 16 个州市中，文山州 GDP 总量排在第八位，但人均 GDP 排名 15，文山州与省内其他州市相比差距较大。与省会昆明相比，文山州 GDP 总量占 16.88%，约为 1/6，人均 GDP 占 31.20%，约为 1/3（见表 1–1）。

表 1–1　2015 年云南省及其 16 州市国内生产总值统计表

州市	GDP（亿元）	人均 GDP（元）	人均 GDP 排名
昆明市	3968	59656	1
曲靖市	1630	27045	6
玉溪市	1245	52812	2

州市	GDP（亿元）	人均GDP（元）	人均GDP排名
保山市	552	21444	11
昭通市	708	13097	16
丽江市	290	22670	10
普洱市	514	19773	14
临沧市	502	20077	13
楚雄州	763	27942	5
红河州	1221	26345	7
文山州	670	18612	15
版纳州	336	28945	4
大理州	900	25459	8
德宏州	292	22990	9
怒江州	113	20895	12
迪庆州	161	39543	3
云南省	13619	28806	—

资料来源:《云南统计年鉴（2016）》

（2）文山三产结构不优

21世纪以来，文山州国民经济结构进行了较大的调整。"十五"末，文山州三产比重为32∶29∶39，此时文山属于典型的农业州；"十一五"末，三产比重调整为22∶37∶41，一产比例下降，但二产比重增长过快，这与文山州薄弱的生态环境不相适应；到"十二五"末再次调整为22∶36∶42。但具体来看，第一产业增加值占GDP的22%，分别高于全国（9.0%）、云南（15.0%）12.8和6.8个百分点，农业比重偏高且竞争力不强；文山第二产业增长主要依靠工业带动，对规模以上工业增长贡献居前五的个行业中有3个高耗能行业，合计贡献率达15.5%；五大高耗能行业增加值占比虽有下降，但仍高达28.8%；文山第三产业增加值比重也较低，仅占GDP的42%，分别低于全国（50.5%）、云南（45.0%）8.3和2.8个百分点。总体上，文山州三产结构存在一产竞争力不强，二产依赖高耗能，三产待提升状况。

（3）旅游产业持续走高

旅游业是第三产业的龙头，具有较强的关联带动作用。《中国旅游发展报告（2016）》显示，2015 年旅游业对 GDP 的综合贡献达到了 10.51%，对三次产业间接带动的增加值占 GDP 比重呈逐年增长态势，对关联产业的拉动效应显著。文山州旅游接待人次由 2010 年 486 万增加到 2015 年的 1155 万，旅游总收入由 2010 年的 35 亿元增加到 2015 年的 102 亿元，实现人次超千万、收入超百亿元的直线式上升。旅游业增加值从 2011 年的 45 亿元提高到 2015 年97 亿元，占全州 GDP 的比重由 11.23% 提高到 14.4%，占第三产业增加值比重由 28.85% 增加到 2015 年的 34.28%，对国民经济的贡献度逐步增强，对第三产业的引领不断凸显。

2. 满足民众对幸福产品的热切需求

（1）我国经济高速增长

2003 年中国人均 GDP 首次突破了 1000 美元，标志着中国经济进入了一个新的发展阶段。随后，中国经济进入快速发展车道，2006 年我国人均 GDP 突破 2000 美元，2008 年突破 3000 美元，2011 年 5000 美元，2012 年突破 6000 美元，2014 年突破 7000 美元，2016 年突破 8000 美元，我国人均 GDP 每隔 2~3 年都会迈上一个新台阶。强劲增长的国力为旅游、休闲等消费性产品奠定了坚实的基础。2016 年，我国国内生产总值折合 11.2 万亿美元，占世界经济总量的 14.8%，比 2012 年提高 3.4 个百分点，稳居世界第二位。

（2）大众消费模式升级

我国已经进入了一个消费需求持续增长、消费结构加快升级、消费拉动经济作用明显增强的重要阶段。从消费自身发展趋势看，居民消费的特点已经从模仿型排浪式的基本消费逐步转变为个性化、多样化的高品质消费，特别是旅游、文化、体育、健康养老、教育培训领域的消费需求快速增加，挖掘潜力大。2015 年全年国内旅游人数突破 40 亿人次，人均超过 3 次 / 年；国内居民出境旅游达到 1.2 亿人次，亦即每 10 人中就有 1 人当年出境旅游一次。

（3）旅游位列幸福产业

2016 年 6 月 27 日，国务院总理李克强在出席夏季达沃斯论坛时，首次将旅游、文化、体育、健康、养老并称为"五大幸福产业"，紧接着国务院办公厅出台《关于进一步扩大旅游文化体育健康养老教育培训等领域消费的意见》，对促进五大幸福产业的发展制定了具体措施。旅游等五大产业被冠以"幸福"之名，是因为它们与百姓生活密切相关，尤其是与当前民众对精神文化层面的消费需求联系紧密。据"2016中国幸福小康指数"调查显示，多达90.8%的受访者表示在旅游活动中体验到了幸福感。据原国家统计局数据显示，2016年"五大幸福产业"营业收入合计同比增长12.6%，比服务业总体增速高出1.2个百分点。其中，旅游服务业、文化及相关产业服务业、体育服务业、健康服务业和养老服务业营业收入同比分别增长8.1%、15.5%、24.4%、16.4%和17.1%。

3. 契合文山保护生态环境迫切要求

（1）文山生态环境脆弱

文山州是一个以农业为主的边疆少数民族地区，经济落后，生产力水平较低，岩溶地貌分布广泛，自然生态环境十分脆弱，加之资源开发利用方式不合理，生态环境破坏严重，环境问题比较突出。具体表现为森林被大面积砍伐，天然植被遭到破坏，草地退化面积逐年增加，水土流失日趋严重，水量减少，水质下降，局部地区缺水严重，农村生态环境问题突出。

（2）石漠化治理压力大

文山是典型的岩溶地区，岩溶面积居云南省第一位，是全国、云南省石漠化防治重点区域。自2008年文山州启动石漠化综合工程以来，八县（市）已全面开展石漠化治理工作，有效遏制了石漠化扩展趋势。但治理任务依然十分艰巨，防治形势仍很严峻。根据云南省岩溶地区石漠化综合治理规划（2006—2015年）调查得出，文山州岩溶面积为16799平方千米，占国土面积的53.4%；石漠化面积10099.96平方千米，占国土面积的31.77%，占全州岩溶面积的60.4%，其中：极强度石漠化面积4190平方千米，强度石漠化面积2245平方千米，中度石漠化面积2312平方千米，轻度石漠化面积1352平方千米，全州8县（市）均有分布。

（3）旅游促进生态修复

生态环境是旅游发展的基础。以田园综合体、农业庄园、大地景观等为代表的旅游开发，既是旅游景观工程，也是生态修复工程，将有利于生态环境改善。多年来，文山州高度重视森林生态环境保护工作，大力实施生态建设工程，积极探索生态文明建设体制机制，全力构建生态安全屏障。全州共有林业用地面积2735.3万亩，占国土面积的58.1%；全州野生植物种类达332科948属4504种，野生动物种类兽纲9目28科73属101种；全州已建立保护地31个，其中：国家级自然保护区1个、省级自然保护区6个、州级自然保护区1个、禁伐林区22个、西畴青冈保护小区1个；通过实施江湖源头防护林建设和保护，两大水系流域面积大于 50 平方千米的河流达 139 条；全州共有 10 个湿地区 26396.22 公顷，湿地斑块 862 个。

4. 引领全省高铁旅游发展创新模式

（1）文山率先进入高铁时代

2016 年 12 月 28 日，沪昆高铁全线通车，途经上海、杭州、南昌、长沙、贵阳、昆明 6 座直辖市及省会城市，沪昆高速铁路是中国东西向线路里程最长、经过省份最多的高速铁路。全长 2252 千米。从上海坐火车前往昆明只要 10 小时。同一天，经中国铁路总公司批复，云南至广西铁路——百色至昆明段开通运营，这标志着南宁至昆明、昆明至广州快速铁路通道全线开通运营。文山州由昔日的交通落后地区，率先进入了航空、高铁、高速三高并行的"高速时代"。

（2）区域内旅游交通协调

高铁开通可以带来大流量相对高端游客。如何实现高铁带来真实的"游客"而不是"过客"，需要沿线地方政府做好两个方面关键性的工作：一是开发高品质旅游产品满足旅游者游赏需要；二是组织高效率交通服务满足旅游者换乘需要。为使到站游客能够迅速向景区转移，文山州利用原有城市公交系统在高铁站建立接驳系统，同时允许各类出行平台如"滴滴打车""优步"等转运游客，同时还考虑在重点县份投入共享单车、共享汽车等共享经济形态，不断完善城市轨道交通项目，真正使高铁游客"进得来、散得开、出得去"。

（3）区域间旅游合作推广

从本质上看，高铁旅游应是"共赢旅游"。过去，地方可以利用行政权力对客源市场进行分割控制，但在高铁经济时代，旅游者的选择更加自由、便利、随心，这就要求各级地方政府放下身段寻求不同区域之间的联合。从旅游活动过程看，旅游消费的最大满足从线路组织上应该是合乎逻辑的，高铁将旅游区、旅游目的地串联起来，旅游者是否会停留下来会是一个随机的过程，通过"抱团取暖"可大大增加旅游者选择的概率。因此，高铁旅游极端强调不同区域之间相互配合、联合营销。

（二）旅游发展环境

1. 综合区位环境

（1）地理区位

文山州地处云南省东大门，位于"中国—东盟自由贸易区"和"泛珠三角"经济区的接合部，自古以来就是云南通往华南沿海地区和越南及东南亚的重要通道，素有"滇桂走廊"之称，是云南省8个沿边州市之一，是云南省参与3个区域性经济合作的"桥梁""纽带""桥头堡"和"新高地"。文山州被誉为"滇桂走廊、新高地"。

（2）交通区位

随着普者黑机场建成通航、广昆高速公路文山段建成通车、富宁港的加快建设及云桂高速铁路建成通车，文山州将成为云南省首个同时具备航空、水运、高速铁路、高速公路、水运码头立体交通网络的州市。文山州正从昔日封闭的边疆转变为对外开放的前沿，云南人"通江达海"的梦想即将成为现实。因而文山州拥有"立体交通，通江达海"的优势。

（3）旅游区位

从省内旅游区位看，按照云南旅游目的地轮耕模式，20世纪80年代第一轮重点开发西双版纳和滇中地区旅游，1992—1999年第二轮重点开发大理、丽江、香格里拉等滇西北旅游，1999—2005年第三轮重点开发以腾冲为代表的滇西旅游，2005年以后第四轮继续关注滇中旅游提升。近年来，从普者黑国家度假公园、广南地母历史文化旅游项目、三国历史文化旅游项目开发等重大项目可以看出，新一轮云南旅游开发聚焦于滇东南、滇东北地区，至此完成一个旅游轮耕周期，文山州即将成为云南省又一个新兴旅游目的地。

从国内旅游区位看，文山州位于云南、广西两大旅游热区接合部，其旅游开发的成功经验和旅游业发展的蓬勃态势，无疑对文山州旅游业发展具有重要的借鉴价值和示范效应。

从国际旅游区位看，文山州地处中国大陆旅游圈与东南亚国际旅游圈两大旅游圈的交叉边缘地带，既有云南通往东南亚的口岸通道优势，又有开展跨境旅游的地缘优势。

因此，文山州处于中国大西南与东盟旅游热区接合部，是云南省具有潜力的新兴旅游目的地。

2. 自然地理环境

（1）地形地貌

文山州地处滇东岩溶高原南部边缘，总体地势西北高东南低，中部由西向东为珠江、红河两大流域分水岭隆起地带。境内最高点是文山市的薄竹山，海拔2991米；最低点是南部盘龙河出口处的麻栗坡县船头，海拔107米，相对高差为2884米。地貌类型分为三种，即中山地貌、岩溶地貌、断陷盆地，其中岩溶地貌占全州总面积的51.2%，是我国西南地区著名的岩溶山原区。

（2）气候条件

文山州属低纬度高原季风气候，由于海拔悬殊，境内分布着北热带、南亚热带、中亚热带、北亚热带、南温带、中温带六种气候类型，大部分地区为亚热带气候。全州气温年变化小，有冬无严寒、夏无酷暑的特点；年均风速低于 3 米/秒，全州相对湿度具有南湿北干的特点。适宜的旅游气候条件为休闲健康活动的开展提供了良好基础。

（3）水文状况

文山州境内河流属中小河流，流域面积在 50 平方千米以上的河流有 139 条，分属珠江、红河两大流域，代表者有南盘江、驮娘江、西洋江、盘龙河等；无大型和较大型湖泊，但天然岩溶洼塘星罗棋布，总数近千，最为有名的当数普者黑湖；因地层、岩性、地质构造复杂，地下水补给条件好，泉水出露较多，流量大于 100 升/秒的大泉、暗河 130 多处，比较有名者如丘北六郎洞暗河、文山白沙坡温泉等。

（4）植物资源

文山州境内生物资源丰富，有各种农作物品种 1727 个。文山三七是名贵药材，在国内外久负盛名。广南县的八宝米以粒大、米白、做成的饭香软适口而闻名，过去曾为朝廷"贡米"。丘北县的辣椒具有色鲜、味香、油多、个长等特色。富宁八角是上乘调料和工业原料，质量居全国第一，远销国内外。文山州境内有华盖木、樟、楠、红椿、香木莲等珍稀树种 76 科 300 多种。花卉资源以兰花最有名。森林覆盖率由 1982 年的 27.2% 提高到 2015 年的 51%，是中国喀斯特地区森林覆盖率最高的州市之一。

3. 历史文化环境

（1）历史文化

文山州有着悠久的历史。5 万年前，文山生活着旧石器时代的晚期智人，公元前 111 年，汉武帝将文山纳入中国版图。1927 年，共产党就在文山建立了组织，富宁、广南等地是邓小平领导的百色起义、红七军活动的革命根据地之一，是中央确定的滇桂黔边区革命根据地的中心地区。云南和平解放后，定名为文山专区，1958 年成立文山壮族苗族自治州。文山州名人荟萃，如清代抗法英雄项崇周、狂飙诗人柯仲平和全国人大常委会副委员长楚图南等。

（2）民族风情

2015 年年末，文山州常住人口 360.7 万，其中少数民族人口 208.85 万，占总人口比例 57.9%。在文山州 3 万多平方千米的土地上，居住着汉、壮、苗、彝、瑶、回、布依、傣、白、蒙古、仡佬 11 个世居民族。各民族在地域分布上具有大分散、小集中和相连一片的特点。形成了"汉族、回族住街头，壮族、傣族住水头，苗族、彝族住山头，瑶族住箐头"的分布特点。在漫长的历史进程中，各少数民族始终保持着独特的生活方式、艺术形态和习俗风情，有着浓郁的民族特色和鲜明的地域特点，显得古老质朴、丰富奇丽而多姿多彩。文山壮苗风情在云南省民族风情旅游中优势明显。

（3）边境口岸

文山州有麻栗坡、马关、富宁3个边境县共12个乡镇与越南河江、老街两省的黄树皮、同文、苗旺、猛康、北河、箐门、渭川、官坝、安明9县、58个乡（社）直接接壤，边境线长438千米，具有对越开展边境贸易、跨境旅游，面向东南亚开展对外贸易和经济合作的区位优势。有天保国家一类口岸，富宁田蓬口岸和马关都龙口岸两个二类口岸，24个边民互市点，13条出入境通道。2015年1月，国务院正式批准都龙口岸为国际性常年开放公路客运货运口岸。在未来国家边境旅游试验区建设中，文山州极具发展潜力。

4. 社会经济环境

（1）经济发展

"十二五"期间文山州确立了"1347"的战略布局、"五型文山"的战略目标。新的战略思路为文山州社会经济跨越式大发展指明了方向。2010年文山州地区生产总值329.85亿元，人均生产总值9491元，地方财政一般预算收入22.03亿元，城镇居民家庭人均可支配收入14609元，农村居民家庭人均纯收入2806元；2015年地区生产总值670.84亿元，其中第一产业实现增加值146.45亿元，第二产业实现增加值241.43亿元，第三产业实现增加值282.95亿元。人均生产总值18634元，地方公共财政预算收入52.04亿元，城镇常住居民人均可支配收入23753元，农村常住居民人均可支配收入7699元。

（2）特色产业

文山州属于典型农业州，农业人口优势为发展特色优势产业、服务业提供了产业蓄水池。2015年三七产业产值从42.5亿元增加到149.6亿元，优质烟叶基地建设取得新成效，辣椒、畜牧产业稳步发展，蔗糖产业异军突起，建成油茶基地184万亩、核桃基地195万亩，农业龙头企业从97户增加到191户。文山州具备发展乡村旅游的产业优势。

（3）基础设施

1996—2010年是文山州基础设施建设发展最快的时期，交通、电力、水利、城乡建设、电信通信等基础设施建设步伐加快，为各项事业迅速发展奠定了基础。"十二五"期间，文山州累计投入交通建设资金482.8亿元，是

"十一五"的 2.1 倍，新增公路里程 2012 千米；投入水利建设资金 93.2 亿元，是"十一五"的 4 倍；新增电力装机 46 万千瓦；所有乡（镇）实现 4G 网络覆盖，97% 的行政村通光纤宽带。

（三）旅游发展条件

1. 资源禀赋吸引力

资源禀赋是旅游活动发生的原动力。旅游者之所以产生从客源地到目的地的空间移动，主要原因在于旅游资源的吸引。文山州是旅游资源的富集区，全州 8 县市不存在旅游资源的空白区域，这是全域旅游发展的资源基础。但在空间分布上存在地域差异，功能指向上存在兴趣偏差，对于全国旅游者来说，文山州存在三大独霸性资源：

（1）山水田园度假

我国滇黔桂三省区接合部是岩溶山水的精华区。以桂林山水为代表的广西山水观光、以安顺龙宫为代表的贵州溶洞探秘为我国传统的岩溶山水一代产品，尽管广西、贵州在旅游业发展中持续不断对观光型产品进行了升级换代，但受旅游者认知惯性、旅游供给缓慢等时代原因所限，代表了山水开发最新趋势、反映旅游者最新需求的旅游业态始终未能成为两省区的核心产品。与之相形成鲜明对比的是，自 2010 年以来，随着我国交通、通信等基础设施不断迈向高速化、尖端化、便捷化，文山州山水旅游开发走出观光产品老路，较早提出"山水度假"新路，以湖泊峰林资源为卖点，将本地山水风光朝着景区置业、娱乐休闲、城镇同步方向发展，将以普者黑为代表的山水景观打造成国家旅游度假区、国家湿地公园、循环经济试验区等，使山水资源的价值得到最大限度的综合利用。

（2）英雄老山召唤

老山是中国出生于 20 世纪 60、70、80 年代人心中的一座丰碑。老山同那场战争、保家卫国、"理解万岁"成为一个时代的不灭烙印。尽管民众没有亲赴老山，但以《高山下的花环》《十五的月亮》《小草》《我爱老山兰》为代表的影视歌曲作品，为老山披上神圣的光芒。在新的时代背景下，老山精神正焕发出新的生机活力，国土意识、荣誉意识、奉献精神、吃苦精神在复杂多变的国际环境下仍是我们党和国家的财富，宣扬、继承老山精神就是新时代的爱国精神。一座英雄之山亟待人们去回顾、瞻仰，文山州唤醒几代人心中的深沉记忆刻不容缓。在中国众多战争纪念地中，老山具有唯一性、不可替代性，它是我国在和平年代保卫国土、维护主权发起反击战所遗留下的纪念地。

（3）坝美桃源隐逸

桃源向往是中国几千年"士文化"的集中反映。"士农工商"是中国古代人群最通俗的分野，士代表了社会上有文化、有抱负、有追求的一部分人。"穷则独善其身，达则兼济天下"，由此形成中国士阶层寻求桃源、修炼品行的隐逸哲学。东晋陶渊明一篇《桃花源记》道尽了中国广大士大夫阶层文化心理上孜孜追求的"理想乐土"，反映了人类对美好生活向往的普遍诉求。因此在 20 世纪 30 年代英国作家詹姆斯·希尔顿浦一提出"香格里拉"便立刻招来大量拥趸者，因为"香格里拉"也有"梦中乐土"的意思。以此为理念，我国已经开发出湖南常德桃花源、广西阳朔世外桃源、广东肇庆世外桃源等旅游景区，与上述景区相比，坝美桃源具有传统文化与空间地貌上的绝佳配合，生活在其中的壮族先民具有《桃花源记》中类似的避难经历，空间场景上与《桃花源记》也诸多的巧合，这是坝美桃源在已有类似景区情况下迅速扬名的主要原因。更为难得的是，坝美桃源更适合现代人忙中偷闲、闹中取静的消闲理念，是桃源胜景的后起之秀。

2. 旅游客源拉动力

（1）事件营销强势拉动

文山州旅游始于 1992 年，但真正让文山旅游或者说普者黑广泛进入全国人民视野是在 2013 年，由于《爸爸去哪儿》热播，普者黑才成为省外游客来云南的首选之一，2017 年电视剧《三生三世十里桃花》播出，普者黑仙境一般的容颜再次震撼世人。联想到云南省内类似旅游热区保山腾冲，在十多年前经历了类似的酝酿、爆燃过程，一次不经意或有心的组织安排，对于推动旅游景区、旅游目的地的强势崛起功不可没。

（2）游客需求自然延伸

受核心旅游景区吸引旅游者离家外出旅游，到达目的地后又通常会选择知名度稍微逊色的景区作为备选，这是游客需求的自然延伸。文山州已储备了大量在全国有待识认的优质景区，如八宝风光、南国草场、剥隘古镇、探宝乐园、香坪山、老山、三腊瀑布等，一旦旅游公共服务设施具备条件，后备景区将成为游客需求的精准靶标。

3. 高铁旅游连接力

与其他交通方式相比，高铁具有"大运量、高速度、高密度"等特征，高铁不仅改变了人们日常的出行方式，也改变了地域间旅游发展的态势。

（1）近程市场公交化

按沪昆高铁时速 300 千米、云桂铁路时速 200 千米计，高铁（快铁）的开通不仅丰富了人们的出行工具，使"旅速游缓"成为可能；更由于价格相对便宜，乘坐高铁出行更像是城市公交系统，可以从心理消除以往对空间、时间的恐惧，增加出行频率。高铁开通后，云南省会昆明到文山州普者黑站仅需 1 小时，广西首府南宁到文山州广南站仅需 3 小时，文山州高铁 3 小时经济圈涵盖了中国西南两座省会级城市。相信随着今后高铁提速，将会有更多城市纳入文山州的 3 小时经济圈。

（2）远程市场周末化

云南远离国内重点客源市场，如长三角、珠三角、环渤海等。过去，重点客源市场可选择飞机、火车克服国内较长距离，时间上飞机以 3 小时为计量单位，但价格较为昂贵，火车以 2 天为计量单位，价格相对便宜；旅游者出行时间通常选择在每年的黄金周或学生假期。但高铁开通后，重点客源市场在 10 小时内便可实现由长三角、京津冀等到中国西南省区、珠三角等地，甚至可以实现当日往返。因此，对于远程市场来说，只要合理安排好时间，便可选择 2~3 个省区进行周末游。因此，长三角、珠三角、京津冀国内远程市场由于高铁开通出行时间由黄金周向周末化发展的趋势。

4. 道路改善扩散力

自 2012 年广昆高速 G80 全线通车后，文山州加快了快速通道建设步伐。按其连接范围分为三个层次：省际层次、州际层次、州内层次。

（1）省际提高通行效率

省际层次，2013 年 6 月广西与云南签约建设全国第一条省际合作共建的高速公路——富那高速，尽管只有短短的 22 千米，之前却一直是滇桂交界的瓶颈路段，制约高速路网整体效益的发挥；2015 年 12 月 28 日富那高速建成通车后，使云南高速公路网与广西高速公路网紧密相连，由昆明通往广西东盟贸易区北海、钦州、防城港等主要港口的里程将比走 G80 广昆高速公路近 110 千米，成为西南最便捷的出海大通道。

（2）州际提升连通效率

州际层次，2014 年 7 月蒙文砚高速开工，这条高速是云南省规划的"三纵三横""九大通道"的重要组成部分，是连接红河、文山两州的第一条高速通道，建成后文山至蒙自的通行时间由原来的 3.5 小时缩短为 1.5 小时，大大加深了两州之间的经济社会联系。

（3）州内加快建设步伐

州内层次，2014 年 11 月平文高速开工，这是文山州自筹资金建设的第一条高速公路，这条高速对于加快推进"文砚平"半小时经济圈建设、"文砚平"城市群和"个开蒙"城市群相连接具有重要意义，2016年12月建成通车，结束了文山州府不通高速公路的历史。其他如文麻高速、文马高速、广那高速也在2016年开工建设，这对于提升文山州内各县市之间的快速流动也具有重要的促进作用。

（四）旅游发展制约

1. 基础设施制约客源流动

从基础设施看，两大问题制约客源在文山州自由流动：即域内交通不便、旅游信息不畅。文山州交通基础设施较省内其他州市相对落后，公路路网结构不合理，网络程度低，等级低，绝大部分为四级及以下公路，迫切需要提级改造，改善行车及运输条件，提升抗灾能力和运输服务水平。一是除广昆高速公路外，其他通往各县的一级、二级公路受地形条件约束，坡陡弯多现象随处可见，雨季滑坡、泥石流频繁，公路安全隐患多，还需进一步提升。二是农村公路路况差，道路技术低，路网结构不完善，通达深度不足，还存在许多"断头路""瓶颈路"和窄桥、危桥。移动互联网时代旅游者极端依赖网络对各类信息的获取，2017年云南省提出"一部手机游云南"部署，文山州虽早在2015年年末就建立了"今日游"旅游应用，但如何将旅游信息通过现代信息技术手段科学、合理传递出去，如何利用云计算、大数据、人工智能等新兴技术更好地服务于政府管理、景区管理，文山州仍显乏力。

2. 景区粗放抑制游客消费

从景区存量看，文山州存在高等级景区不足、景区建设投入滞后、旅游公共服务设施不足等问题。A级旅游景区是地方旅游业发展的重要载体。截至2015年年底，全国A类景区达到7000多家，其中高等级景区1500多家，5A级景区213家。但截至2017年10月，文山州仅有A级旅游景区8个，其中4A级景区1个（丘北普者黑）、3A级景区1个（广南坝美）、2A级景区6个（文山君龙湖、西华公园，广南八宝、广南民族博物馆、安化郡主墓，富宁驮娘江）；从景区投入看，文山州在引导性投入、招商引资方面仍显薄弱；公共服务设施以景区免费Wi-Fi为例，我国《"十三五"全国旅游信息化规划》提出，到2020年我国将努力实现4A级以上旅游景区免费Wi-Fi、智能导游、电子讲解、在线预订、信息推送等全覆盖，但文山大部分景区难以尽如人意。

3. 主题不清面临周边竞争

地方发展旅游业需要抓住区域特色、破解核心问题，这既是政府的工作方法，也是旅游定位的心理基础。环顾文山周边，可以发现在近年旅游发展均通过醒目主题推展开来。红河州可供推介的资源很多，如建水古城、滇越铁路、哈尼梯田、朱家花园、弥勒温泉、阿庐古洞等，但一直到 2013 年哈尼梯田被评为世界遗产，红河州才明晰了自己梯田的主题；保山市摸索多年，在"十二五"期间围绕"温泉之都、珠宝之都、休闲之都"三张旅游名片，突出火山主题，实现了跨越式发展；百色拥有不输于桂林的岩溶山水，如近年声名鹊起的乐业天坑、通灵大峡谷、老虎跳大峡谷等，但受旅游形象屏蔽影响，百色选择红色旅游作为自己主题，确立了"红色福地、千姿百色"旅游口号。文山州到底应该在众多主题中选择什么作为今后 5~10 年主攻方向并不清晰，由此容易在区域竞争中陷入顾此失彼境地。

4. 业态不新缺乏旅游引力

受惯性思维影响，文山州旅游业态存在长期依赖观光型、休闲度假型不足、新兴业态弱小散等弊端。2015 年 8 月，原国家旅游局局长李金早在《开明开放开拓，迎接中国"旅游+"的新时代》报告中，首次正式提出"旅游+"概念。作为一个无边界产业，旅游与新型城镇化、新型工业化、农业现代化、信息化、生态化结合，形成了一系列新的产业，与养老、医疗、研学、养生等结合，诞生了许多旅游新产品。最近几年，在政策和市场方面，旅游业都发生了重大调整。随着全域旅游概念被提出，这种以旅游业带动和促进经济社会协调发展的新的区域协调发展理念和模式，是我国新阶段旅游发展战略的再定位，对未来旅游发展有着深远意义。乡村旅游越发受到重视，节假日里走进农村，采摘水果、赏花、呼吸新鲜空气，已经成为许多国人非常看重的生活方式。在推动农村地区经济发展，建设美丽中国方面都发挥着重要作用。此外，体育旅游、文化旅游、研学旅游等都是"旅游+"跨界融合带来的新蓝海。

三、全景资源评价

（一）旅游资源类型

1. 旅游资源类型统计

根据对文山州旅游资源调查结果，结合国家标准《旅游资源分类、调查与评价》（GB/T 18972—2003）设定的类型，文山州拥有的旅游资源主类 8 项、亚类 28 项、基本类型 114 项，分别占所有类型的 100%、90.32%、73.55%，属于旅游资源类型较全的富集地区（见表 1–2）。

表 1-2 文山州主要旅游资源统计表

主类	亚类	基本类型	资源点
A 地文景观	AA 综合自然旅游地	AAA 山丘型旅游地	（文山市）老君山、薄竹山、盘龙山、西华山；（砚山县）诸葛山、墨山；（丘北县）羊雄山、西牛大山、布亚大山、文笔山；（西畴县）香坪山、鸡冠山；（麻栗坡县）大黑山、老山、老君山、扣林山、天平山；（马关县）老尖山、老君山；（广南县）九龙山；（富宁县）木洪大山、狮子山、者鹋山、里达雄峰、普厅苍山、屏风翠岭、鸟王山、四十八堡山、那耶梯田
	AA 综合自然旅游地	AAB 谷地型旅游地	（文山市）盘龙峡峡谷；（丘北县）清水江峡谷；（麻栗坡县）盘龙河谷地；（广南县）桃花谷；（富宁县）驮娘峡谷、南利河峡谷
		AAD 滩地型旅游地	（文山市）老熊平滩
		AAE 奇异自然现象	（文山市）老君山雾云；（麻栗坡县）马达怪雾、下金厂吹风洞奇景、小河断流
		AAG 垂直自然地带	（文山市）老君山、薄竹山；（广南县）九龙山
	AB 沉积与构造	ABB 褶曲景观	（麻栗坡县）八布复向斜、南温河穹隆
		ABF 矿点矿脉与矿石积聚地	（麻栗坡县）猛硐乡大丫口祖母绿矿区；（马关县）八寨—木厂—大栗树石榴石矿区
		ABG 生物化石点	（西畴县）西洒仙人洞古脊椎动物化石点、兴街克广古脊椎动物化石点、龙泉海底群生腕足动物化石点、蚌谷马桑洞古生物化石点；（麻栗坡县）小河洞动物化石点；（马关县）山车仙人洞生物化石点
	AC 地质地貌过程形迹	ACA 凸峰	（文山市）薄竹山双乳峰、慈竹山
		ACB 独峰	（文山市）薄竹山；（丘北县）青龙山；（西畴县）胡广山、金钟山、玉鼓山、青龙山、兴街石帽子山；（富宁县）山湖独峰
		ACC 峰丛	（丘北县）龙山湖峰丛；（西畴县）岩溶峰丛山群、水晶石梁子山群、上果大山群；（麻栗坡县）云岭；（广南县）八宝峰丛
		ACD 石（土）林	（广南县）石笋小石林
		ACE 奇特与象形山石	（文山市）雌雄巨石、猴王巡山；（丘北县）马者龙天然大佛；（麻栗坡县）毛公山、美人峰、南疆一柱；（广南县）观音石、夫妻石、兰花石；（富宁县）江上鸳鸯
		ACF 岩壁与岩缝	（文山市）啸岩雪山、天生桥绝壁

主类	亚类	基本类型	资源点
A 地文景观	AC 地质地貌过程形迹	ACG 峡谷段落	（文山市）镰刀峡谷；（丘北县）猴爬岩峡谷；（麻栗坡县）老山峡谷、猫猫跳峡谷、八布河峡谷；（广南县）西洋江峡谷；（富宁县）者鹩山大峡谷
		ACL 岩石洞与岩穴	（文山市）柳井溶洞群、上天生桥溶洞、三元洞；（丘北县）月亮洞、火把洞、金鼎仙人洞、凤尾洞、六郎洞、红土洞；（西畴县）龙老仙人洞、兴街拉孩溶洞、兴街双胞洞；（麻栗坡县）将军洞、天生桥溶洞、小河洞、岩羊洞、燕子洞；（马关县）花枝格大石洞、花枝格仙人洞；（广南县）三腊溶洞、汤纳溶洞、峰岩洞、汤那洞；（富宁县）清华洞、仙人洞、红军洞、木央洞群、百油洞群、龙头井溶洞、平乐落水洞
	AD 自然变动遗迹	ADD 陷落地	（文山市）上天生桥；（砚山县）莲花塘天生桥；（丘北县）革雷天生桥、天生桥
B 水域风光	BA 河段	BAA 观光游憩河段	（文山市）盘龙河；（砚山县）公革河、八嘎河、稼依河；（丘北县）南盘江、六郎洞河、夸墨河、官寨河、凤尾河、清水江、南丘河、清水河、清平河、石葵河；（西畴县）兴街岔河、鸡街河、盘龙河、畴阳河、达马河；（麻栗坡县）盘龙河、畴阳河、八布河、南利河、南温河、猛硐河、八斗河、昆垴河、铜厂河、八里河；（马关县）盘龙河、小白河、响水河、那么果河、南浦河、南北河、南江河、大南溪河、大倮者河、咪湖河、清水河；（广南县）西洋江、清水江、旧莫河、八宝河、板榔河、马碧河；（富宁县）普厅河、那马河、西洋江、郎恒河、南利河、驮娘江、谷拉河
		BAB 暗河河段	（丘北县）革雷暗河；（麻栗坡县）将军洞暗河、清凉洞暗河、小河洞暗河
	BB 天然湖泊与池沼	BBA 观光游憩湖区	（文山市）君龙湖；（砚山县）听湖；（丘北县）普者黑湖、仙人洞湖；（马关县）大马固湖、一把伞暗河水库；（广南县）莲湖、天池、七星湖；（富宁县）西江圆湖
		BBB 沼泽与湿地	（丘北县）普者黑万亩荷塘；（富宁县）架街湿地
		BBC 潭池	（砚山县）蚌峨龙潭；（丘北县）旧城龙潭；（西畴县）西洒疯龙潭；（麻栗坡县）奇石潭；（马关县）大龙潭
	BC 瀑布	BCA 悬瀑	（文山市）宛金飞瀑、硝厂瀑布、姊妹飞泉；（丘北县）革雷瀑布、歹马瀑布；（麻栗坡县）东山瀑布、者鲁瀑布、老君山瀑布、白石岩瀑布、岩腊山瀑布；（马关县）堡堡寨瀑布、李子坪瀑布、漂水岩瀑布、水冲桥瀑布；（广南县）革雷瀑布、歹马瀑布、板榔瀑布；（富宁县）普阳瀑布、龙八瀑

续表

主类	亚类	基本类型	资源点
B 水域风光	BD 泉	BDA 冷泉	（砚山县）大龙潭；（麻栗坡县）槟榔山泉、玉尔贝泉；（广南县）喊泉、龙潭吐珠、珍珠泉、冷热泉；（富宁县）洞波奇泉、甘邦泉、南江泉、安门泉、龙郎泉、莫洪泉、莫倮泉
		BDB 地热与温泉	（文山市）茅坝子、菖蒲塘、白沙坡温泉；（砚山县）芦柴冲温泉；（麻栗坡县）将军洞"南国第一汤"温泉、习谦温泉、翁乐小白河温泉
C 生物景观	CA 树木	CAA 林地	（文山市）老君山珍稀树种、康恩贝银杏庄园；（西畴县）小桥沟自然保护区；（麻栗坡县）老君山林海、下金厂草果林、麻栗坡杉木林、八布河下游热带雨林、杨万乡万亩香蕉林、铁厂乡万亩红豆杉林；（马关县）古林箐自然保护区；（广南县）九龙山原始森林；（富宁县）架街水上森林
		CAB 丛树	（西畴县）小桥沟古红花荷、冲头古榕树、法斗古香木莲、法斗古胡桃树、冲头古滇朴、法斗古七叶树、法斗古滇桐、鸡冠山滇桐、林安箐古含笑、八角林；（麻栗坡县）银杏树、杪椤树、秃杉、马尾树、福建柏、云南穗花杉、大叶木莲、大果木莲、云南七叶树；（马关县）巨杉、擎天树、蚬木、榕树、丹桂、荔枝、大果木莲、香籽含笑、云南拟单性木莲、白克木、华山松、黄山松、芒果、滇桐、樟木、榉木、南方铁杉；（富宁县）水松、八角王、三角枫、榉树、小叶榕、人面子、木荷、榕树、枫杨、滇南风吹楠、法斗青冈、格木
		CAC 独树	（丘北县）革雷大榕树、歹马古榕；（西畴县）华盖木；（麻栗坡县）老君山树蕨、火烧梁子五叶松、品乐金榕树、云南拟单性木兰、城子上古荔枝树；（广南县）坝美大榕树
	CB 草原与草地	CBA 草地	（砚山县）黑巴草场、六掌草场；（丘北县）舍得草场；（麻栗坡县）干坝子草场、楠木坪草场
		CBB 疏林草地	（砚山县）六掌草场
	CC 花卉地	CCA 草场花卉地	（砚山县）千亩杜鹃园；（麻栗坡县）干坝子杜鹃花园
		CCB 林间花卉地	（文山市）老君山野生杜鹃、长蕊木兰；（麻栗坡县）老山林场兰花园
	CD 野生动物栖息地	CDA 水生动物栖息地	（丘北县）普者黑天鹅湖
		CDB 陆地动物栖息地	（文山市）老君山国家级自然保护区；（西畴县）鸡冠山原始森林；（麻栗坡县）云岭原始森林；（马关县）古林箐自然保护区；（广南县）九龙山原始森林
		CDC 鸟类栖息地	（文山市）老君山自然保护区；（丘北县）普者黑景区；（富宁县）鸟王山

主类	亚类	基本类型	资源点
D 天象与气候景观	DA 光现象	DAA 日月星辰观察地	（文山市）薄竹山云海日出；（麻栗坡县）老山日出、东山日出
		DBA 云雾多发区	（文山市）老君山；（麻栗坡县）老山云雾、茨竹坝云海、老君山云海、下金厂云雾景观；（马关县）大吉厂云海、阳文山云海
		DBB 避暑气候地	（文山市）老君山；（丘北县）普者黑景区；（麻栗坡县）清凉洞
		DBD 极端与特殊气候显示地	（广南县）峰丛云雾、八宝烟雨
E 遗址遗迹	EA 史前人类活动场所	EAA 人类活动遗址	（丘北县）黑箐龙洞穴文化遗址、大龙山洞；（西畴县）兴街冬瓜冲新石器采集点；（麻栗坡县）小河洞遗址；（马关县）九龙口遗址
		EAC 文物散落地	（西畴县）仙人洞"西畴人"化石产地遗址
	EB 社会经济文化活动遗址遗迹	EBA 历史事件发生地	（文山市）丫呼寨；（砚山县）阿猛会议会址；（西畴县）中共西麻支部成立旧址、滇西南行政专员公署旧址；（麻栗坡县）老山战役、东山天险、船头、太平庄革命老区；（马关县）都龙镇矿冶遗址、（富宁县）归朝青年会旧址
		EBB 军事遗址与古战场	（丘北县）万氏营垒遗址；（西畴县）观音伐伏击战遗址、蚌谷遭遇战遗址、弯刀寨遭遇战遗址；（麻栗坡县）董干街古营盘、青龙湾古营盘、董浪古营盘、云盘山战争遗址；（马关县）龙半坡碉楼、小石山碉堡、烽火台、（富宁县）甘屯红军洞、里达云南人民讨蒋自救军第一纵队指挥部遗址、谷留劳农会会址
		EBC 废弃寺庙	（文山市）旧文庙遗址；（砚山县）半边寺；（西畴县）蚌谷观音庙、鸡街仙人洞观音庙、法斗董有大庙；（麻栗坡县）大坪街寿佛寺、河沟观音庙、鲁班庙、龙王庙；（富宁县）龙迈彝族宫棚、六蓬宗庙、武庙
		EBE 交通遗迹	（砚山县）古石桥；（麻栗坡县）石关门驿道、交趾古道、麻文道；（广南县）邑州古道
		EBF 废城与聚落遗迹	（西畴县）兴街古城门、莲花塘古城墙；（马关县）石丫口、阿雅城遗址；（广南县）阿用古城堡、六郎城古城址、宝月关遗址、那榔古城址；（富宁县）腊山城

续表

主类	亚类	基本类型	资源点
F 建筑与设施	FA 综合人文旅游地	FAA 教学科研实验场所	（文山市）文山学院、文山三七研究院；（麻栗坡县）滇桂边公学遗址、马波"王字学堂"、麻栗坡县民族中学
		FAB 康体游乐休闲度假地	（文山市）老君山景区、君龙湖水利风景；（丘北县）普者黑景区；（麻栗坡县）英雄老山圣地旅游区；（广南县）八宝风景区
		FAC 宗教与祭祀活动场所	（文山市）寿佛寺、大兴寺、五子祠；（砚山县）半边寺、清真寺、诸葛庙、鲁都克教堂；（丘北县）水围寺、半边寺、文庙；（麻栗坡县）麻栗坡街观音庙；（广南县）孔庙（文庙）、万寿寺（万佛寺）、太阳庙（护国寺）、精忠庙、依志高庙、珠琳清真寺、神仙坡庙
F 建筑与设施	FA 综合人文旅游地	FAD 园林游憩区域	（文山市）西华公园、东山公园；（丘北县）彩云公园、文笔山森林公园；（麻栗坡县）将军林；（马关县）中山公园、鱼水园公园；（广南县）莲湖公园；（富宁县）印泉公园
		FAE 文化活动场所	（文山市）文山市图书馆、文山市文化馆、文山市民族博物馆；（麻栗坡县）麻栗坡县知青记忆博物馆；（广南县）广南民族博物馆
		FAF 建设工程与生产地	（砚山县）文山华博食品有限责任公司、砚山县同和辣椒有限责任公司；（丘北县）象鼻岭古水利工程；（西畴县）西洒人工隧道；（麻栗坡县）天保农场、八布农场；（马关县）健康农场、四一九农场
		FAG 社会与商贸活动场所	（文山市）文山州三七综合交易市场；（西畴县）西洒集市、兴街集市；（麻栗坡县）紫溪会所、天保祖母绿宝石城
		FAH 动物与植物展示地	（文山市）文山三七园；（砚山县）苗乡三七科技示范园、蔬菜基地、大新葡萄种植基地、野生杨梅、黑鱼洞村巴西蘑菇种植；（西畴县）国有香坪山林场、国有坪寨林场；（麻栗坡县）老山梯田、老陶坪梯田、大坪油菜花田、杨万长田茶园、者阴山茶园
		FAI 军事观光地	（麻栗坡县）老山工事、八里河东山中越战争战场遗址、中越战争者阴山战场、老山神炮公园；（富宁县）狮子山哨所
		FAJ 边境口岸	（麻栗坡县）天保口岸；（马关县）都龙口岸；（富宁县）田篷口岸
		FAK 景物观赏点	（麻栗坡县）老山主峰观景台；（马关县）茅坪国门；（富宁县）狮子山观景台

主类	亚类	基本类型	资源点
F 建筑与设施	FB 单体活动场馆	FBA 聚会接待厅堂（室）	（文山市）华锡酒店、诗达饭店、海威尔酒店、普阳酒店；（丘北县）天成太和酒店、莲花酒店；（麻栗坡县）国豪大酒店；（马关县）润源大酒店；（广南县）世外桃源大酒店、特安呐酒店；（富宁县）坡芽大酒店
		FBB 祭拜场馆	（文山市）李氏宗祠、龙氏土司宗祠
		FBC 展示演示场馆	（文山市）艺术剧院、文山市民族展览馆；（麻栗坡县）老山支前参战陈列馆、老山作战纪念馆、中华神炮展览馆、"中华神炮"酒窖、（富宁县）坡芽歌书传承馆
		FBD 体育健身馆场	（文山市）文山盘龙体育城；（富宁县）云南高海拔体育训练基地富宁基地
		FBE 歌舞游乐场馆	（文山市）文山市大千酒店 KTV 夜总会、诗达酒店诗玛澜娱乐会所
F 建筑与设施	FC 景观建筑与附属型建筑	FCA 佛塔	（文山市）心明惺禅师墓塔
		FCB 塔形建筑物	（文山市）文笔塔、乐西塔；（丘北县）文笔塔；（麻栗坡县）麻栗坡烈士陵园纪念塔；（广南县）文笔塔
		FCC 楼阁	（文山市）平坝镇观音阁；（砚山县）魁星阁、龙所魁星阁；（马关县）八寨三圣宫、玉皇阁；（广南县）都天阁、昊天阁（玉皇阁）
		FCF 城（堡）	（文山市）小西门城楼；（麻栗坡县）马达石碉、大黑山碉堡
		FCG 摩崖字画	（文山市）三元洞石刻；（丘北县）狮子山崖画；（西畴县）蚌谷狮子山崖画；（麻栗坡县）大王岩崖画、岩腊山崖画；（广南县）仙岩崖画、弄卡崖画、南屏悬崖题刻、观音岩题刻；（富宁县）谷拉崖画
		FCH 碑碣（林）	（文山市）乐西石厥；（砚山县）中国共产党滇桂黔边区委员会、中国人民解放军滇桂黔边纵队成立纪念碑、平远田心、松毛坡回民源流碑；（丘北县）昂氏碑记、马者龙碑碣；（西畴县）兴街教泽碑、老街塘子边碑林；（麻栗坡县）寿佛寺碑、麻栗坡烈士陵园纪念碑、国界碑、将军洞石碑、老山经典歌曲碑林、滇桂边区公学纪念碑；（广南县）创建广南府学碑、狄武襄庙碑、接龙桥碑；（富宁县）归朝后州土司宗祠、龙头井《诰命碑》
		FCI 广场	（文山市）七花广场；（丘北县）椒莲广场；（麻栗坡县）大王岩广场、紫金广场、云镍广场、国门广场；（马关县）安平广场；（广南县）铜鼓广场
		FCJ 人工洞穴	（麻栗坡县）猫耳洞；（富宁县）猫耳洞
		FCK 建筑小品	（文山市）盘龙公园龙宫、舞榭、葫芦池；（麻栗坡县）天保口岸"国门"、老山主峰烈士雕像、麻栗坡烈士陵园牌坊

续表

主类	亚类	基本类型	资源点
F 建筑与设施	FD 居住地与社区	FDA 传统与乡土建筑	壮族民居、苗族民居、彝族民居、瑶族民居、回族民居；（文山市）吊脚楼；（砚山县）"一颗印"传统民居；（西畴县）下坝尾民居、新马街坡脚四合院、法斗马卡民居、加谷村落；（麻栗坡县）白ря人干栏式建筑、傣族高栏式建筑；（马关县）老人亭、腊科刘氏民居；（广南县）贵马老人厅、侬氏土司衙署、阿用土司衙署、旧莫王氏宅院、板榔村壮族民居、西街杨氏宅院、马碧村干栏式建筑；（富宁县）平安壮族建筑群
		FDB 特色街巷	（文山市）平坝历史街区、佛寺街；（丘北县）广南县休闲商业街；（麻栗坡县）马崩街、猛硐街
		FDC 特色社区	（文山市）东山乡石牛角村、新平街道老保黑村、塘子边村、马椰村；（砚山县）盘龙乡白石岩村、盘龙乡法土龙村、盘龙乡响水龙村、马鞍山村、黑巴村、黑鱼洞村、白沙坡村；（丘北县）仙人洞村、菜花箐村、普者黑村、岩峰山村、阿诺村、阿鲁白村、白脸山村、猫猫冲村、小白山村、白泥塘僰人村；（西畴县）香坪山村、大地村、合心村、上果村、蚊子寨、岔河村、石门坎村、么所村、下坝村；（麻栗坡县）小坪寨村、城寨村、南朵新城村、中寨村、大坝村、曼棍队、猫猫跳队、三转湾队；（马关县）阿峨新寨、马夹冲、马洒村、八寨社区、塘房村、新发寨、茅坪村、罗家坪村、石丫口村；（广南县）八宝镇乐共村、坝美镇出水洞村、莲城镇懂湖村、峰岩洞村、端讽村、董仕基村、河野村、河边村、普迁村；（富宁县）坡芽村、登冒村、那律村、老街三寨村、甘屯村、河边村、那马村、普阳一村、山脚村、那耶村、瓦蚌村
		FDD 名人故居与历史纪念建筑	（文山市）楚图南故居、文山市民主政府纪念馆、文山州第一个党支部德厚下寨洒戛竜成立旧址；（砚山县）王有德故居、陆春故居；（西畴县）新马街张名重故居、林开武故居；（麻栗坡县）麻栗坡对汛督办公署旧址、忠烈祠、马列坡人民民主政府旧址；（马关县）李国定旧居；（广南县）柯仲平纪念馆；（富宁县）富宁革命纪念馆
		FDE 书院	（丘北县）明新书院、云龙书院、碧梧书院、雄峰书院
		FDF 会馆	（广南县）川黔会馆、岭南会馆、三楚会馆、两湖会馆；（富宁县）粤西会馆、粤东会馆
		FDG 特色店铺	（麻栗坡县）天保口岸免税购物店
		FDH 特色市场	（文山市）文山州三七综合交易市场、花鸟市场；（麻栗坡县）天保口岸集贸市场；（马关县）都龙边境集市

续表

主类	亚类	基本类型	资源点
F 建筑与设施	FE 归葬地	FEA 陵区陵园	（文山市）革命烈士纪念馆；（砚山县）稼依革命烈士宫；（丘北县）大铁革命烈士陵园、丘北革命烈士陵园、腻脚革命烈士陵园、官寨革命烈士陵园；（西畴县）南疆烈士陵园；（麻栗坡县）麻栗坡烈士陵园、猛硐烈士陵园、铁厂烈士陵园、董干烈士陵园
		FEB 墓（群）	（文山市）马露头火葬墓群、心明惺禅师墓塔；（砚山县）平远烈士墓、传教士墓、将军墓、六诏众人坟；（丘北县）葬罐群、多宝座和尚墓塔、黎天才墓、锦屏梁王堆、曰者梁王堆；（西畴县）侬养仁墓、花果山顶土坑竖穴墓；（麻栗坡县）梁子街西汉古墓、大塘子村张门白氏夫人墓葬、猛硐抗法英雄项崇周墓、清诰封武魁刘公墓；（广南县）牡宜句町贵族（王族）墓群、安化郡主墓、小尖山古墓群、那鹿坡火葬墓群、侬氏土司墓群；（富宁县）剥隘万人冢、富州世袭土司沈氏墓、沈明通墓
	FF 交通建筑	FFA 桥	（文山市）马塘天圆桥、北桥、双桥；（砚山县）阿猛石拱桥；（丘北县）三鼎桥、同缘桥、丁家石桥、锁水桥；（西畴县）牛羊太平桥、兴街保兴桥、新马街石拱桥；（麻栗坡县）云盘风雨桥、怀安桥、大塘子石桥；（广南县）拖派风雨亭、八宝双锁桥、阿用桥、普济桥、旧莫桥、板蚌钢索吊桥、八宝吊桥、中寨围笋桥、永贞桥、西安桥、通津桥；（富宁县）木莫桥、北桥、南桥
		FFB 车站	（文山市）文山市城南客运站、高快客运站、汽车客运总站
		FFC 港口渡口与码头	（砚山县）稼衣水库梭落底码头、听湖水库码头；（丘北县）三鼎渡、坝达渡、仙人洞渡、水尾渡；（麻栗坡县）船头渡、南温河渡、八布河渡；（广南县）西洋渡、板蚌渡、南利河渡、革夺渡、大里恨渡；（富宁县）剥隘渡口、归朝渡口、罗村口渡、富宁港
		FFD 航空港	（砚山县）普者黑机场
		FFE 栈道	（麻栗坡县）老山峡谷栈道
	FG 水工建筑	FGA 水库观光游憩区段	（文山市）君龙湖；（砚山县）稼依水库；（丘北县）摆龙湖、增产水库、清平水库、千龙潭水库、八道哨水库；（西畴县）江东水库、老胖箐水库；（麻栗坡县）马鞍塘水库、南油水库、石桥水库、韭菜坪水库、糯谷冲水库；（马关县）马鞍山水库、达号水库；（广南县）沙坝水库、莲峰水库；（富宁县）新华洞水库、剥隘水库、架街水库
		FGB 水井	（麻栗坡县）麻弄村国际水井
		FGC 运河与渠道段落	（文山市）大沟绞；（麻栗坡县）南楼大沟、香椿坪大沟、南令电站左低干渠、马鹿塘隧道
		FGD 堤坝段落	（文山市）君龙湖；（砚山县）黄金海岸

续表

主类	亚类	基本类型	资源点
F 建筑与设施	FG 水工建筑	FGE 灌区	（文山市）底泥灌区；（砚山县）江那灌区；（西畴县）斗坝子灌区
		FGF 提水设施	（广南县）坝美大水车
G 旅游商品	GA 地方旅游商品	GAA 菜品饮食	（文山市）苦荞粑粑、壮族簸箕糯米糍、文山火烧骡子干巴、他披梨、壮牛干巴、泥巴烧羊肉、黄焖红烧狗肉、"普啦"飞鸡、平坝凹锅豆腐；（砚山县）哑缸酒、炒面、糍粑、吊浆粑、鲜玉米粑、糯米糍粑、粽粑、炒米花、包粽粑、辣椒系列和土佬酱；（丘北县）血辣子；（西畴县）掌肉、干鼠肉、火麻菜；（麻栗坡县）老山炒狗肉、芭蕉花煮罐头、坨肉、傣族凉粽、麻栗坡烧豆腐、"中国颠"白酒；（马关县）八宝鸡、三七气锅鸡、酸辣鱼、盐糍粑、老豆腐、草果、马关鸡、火烧狗、草果芽、拉基豆豉；（广南县）岜夯鸡、豆沙肉、扁米、凉卷粉、板鸭、八宝大油团、烤乳猪、菊花鸡、粽粑、壮家花糯米、褡裢粑、红团、假鱼肚
G 旅游商品	GA 地方旅游商品	GAB 农林畜产品与制品	（文山市）红甸辣椒、他坎梨、棕皮、黄龙坝牛干巴、平坝荞酥；（砚山县）三七系列产品、辣椒系列产品、小粒花生系列产品；（丘北县）干辣椒；（西畴县）八角、阳荷、薏米、砂仁；（麻栗坡县）铁厂腊肉、麻栗坡沙糕、麻栗坡米花、老山茶、麻栗坡油糖糕、八布咖啡、竹笋系列、猴头菇、苹果；（马关县）马关茶、塘房橘、香蕉、菠萝；（广南县）八宝米、竹筒茶、西枫斗、油桐、油茶、那榔酒、辣子酱、老龙酒、三七、八角
		GAC 水产品与制品	（麻栗坡县）天保黄鱼、玉尔贝矿泉水
		GAD 中草药材及制品	（文山市）开化三七、三七参酒；（砚山县）露水草、龙胆草、灯盏花、金银花、三七、茯苓、半夏；（丘北县）荷叶；（西畴县）三七、草果；（麻栗坡县）大坪三七、石斛、重楼、地苦胆、肺心丹、儿多母苦、万年耙、朱砂苓、草果、蛤蚧药材、石斛酒；（马关县）开化三七、蛤蚧药材
		GAE 传统手工产品与工艺品	（文山市）苗族蜡染工艺、壮族"木叭喇"、壮锦、刺绣、版画、银饰、芦笙、三弦等；（砚山县）苗族绒彩、彝族刺绣；（西畴县）刺绣；（麻栗坡县）白倮人蜡染制品、苗族刺绣制品、彝族蜡染制品、根雕工艺品、石雕工艺品；（马关县）挑花、刺绣、蜡染、剪纸、编织、阿娥农民版画、（广南县）银饰、刺绣、油帽、银饰烟筒、壮族棉布、苗族麻布；（富宁县）壮锦
		GAF 日用工业品	（西畴县）木质水烟袋；（马关县）蚬木砧板、马关算盘、八寨铜炊锅
		GAG 其他物品	（麻栗坡县）祖母绿、老山奇石、黄龙玉；（马关县）石榴石、祖母绿

续表

主类	亚类	基本类型	资源点
H 人文活动	HA 人事记录	HAA 人物	（文山市）楚图南、侬智高；（砚山县）陆春、王有德；（麻栗坡县）李肇星、傅全有、廖锡龙、张万年、梁光烈；（马关县）李国定；（广南县）柯仲平
		HAB 事件	（麻栗坡县）老山战役、猛硐抗法战争、松毛岭大战
	HB 艺术	HBA 文艺团体	（文山市）市歌舞团；（砚山县）各民族民间文艺团体；（麻栗坡县）麻栗坡县民族歌舞团、晚霞艺术团、玉尔贝艺术团；（马关县）马关县文艺工作队、马关县科普美术学会、马关县书画协会；（广南县）县文艺工作队；（富宁县）地方壮剧班、坡芽山歌队
	HB 艺术	HBB 文学艺术作品	（文山市）壮族叙事长诗《考汤归》民间戏剧《乐西土戏》《洞经古乐》《三七姑娘的传说》、苗族《瓜宰彩与拉芝榜》、彝族古歌《木腊米腊》传说、《七乡凤鸣》《纸马舞》《稻场欢歌》等歌舞；（砚山县）各民族故事传说、诗、歌曲、戏剧、小说、散文、民间文学、如仑考（壮族）、庄巴（壮族）、然更（苗族）、巴腊叭（苗族）、咄奏（瑶族）、文山扬琴等；（麻栗坡县）《老山兰》《战地黄花》《征服死亡地带》、毛泽东题字、朱德题字、瑶族古籍《师书》、瑶族古籍《道书》《高山下的花环》《小草》；（广南县）洞经、句町古乐、沙戏、花灯、滇剧、梓潼戏；（富宁县）坡芽歌书
	HC 民间习俗	HCA 地方风俗与民间礼仪	（文山市）铜鼓文化、稻作文化、织染文化、歌圩文化、竹楼文化、芦笙文化、火文化、民族医药养生文化；（砚山县）彝剧、哭嫁、烧灵；（麻栗坡县）白倮人"成丁"习俗、白倮人婚俗、瑶族"过法"、壮族"扫寨"、祭牛王
		HCB 民间节庆	（文山市）"三月三"（壮）、"踩花山"（苗），盘王节（瑶）、火把节和跳宫节（彝）；（砚山县）苗族花山节、壮族三月节、彝族火把节；（丘北县）花山节、男人节（过小年）、祭龙节、祭田节、彝族火把节、冬月节、草马节、祭龙节、太平节、观音节、子孙节、太子节、白族火把节、圣纪节、开斋节、古尔邦节、姑太节；（西畴县）女子太阳节；（麻栗坡县）白倮人荞菜节、瑶族盘王节、苗族踩花山、壮族赶花节、彝族狮子会；（马关县）花山节、二月节、三月节、六月节、尝新节、盘王节、火把节、离娘节、牛王节；（广南县）花街节、跑马节、接皇姑、花山节、盘王节、七月十四节、火把节、荞菜节、花糯米节、放河灯、古尔邦节、开斋节；（富宁县）隆恩节、隆洞节、七月十四中元节、盘王节、花山节、跳宫节、竹枪节、珑端节
		HCD 民间健身活动与赛事	武术、倒爬杆、斗牛、赛马、打陀螺、摔跤、射弩、吹枪、赛龙船（壮）、"上刀山下火海"（苗）、爬花秆、抢花炮
		HCE 宗教活动	（文山市）祭祖宗（苗）、祭龙神（壮）、祭山神（苗）、鸡骨卜（壮）；（砚山县）土地崇拜、祭龙神龙；（麻栗坡县）城寨村白倮人"美淌"、白倮人龙树祭祀、苗族祭祖；（马关县）佛教、道教、小乘佛教

续表

主类	亚类	基本类型	资源点
H 人文活动	HC 民间习俗	HCF 庙会与民间集会	（文山市）"三月三花街节（壮）"；（麻栗坡县）观音庙庙会
		HCG 饮食习俗	（文山市）糯米粑粑（壮）、狗肉（苗）、玉米饭（苗）、荞酥、花糯饭、凉品宴、酸菜饭、越南小卷粉、三七汽锅鸡、酸汤乌鱼、"壮乡花宴""三七全席宴""岜夯鸡"、彝家红豆炖腊肉等；（麻栗坡县）白倮人彩色糯米饭、傣族"食花"习俗、壮族花糯米
		HGH 特色服饰	壮族服饰、苗族服饰、彝族服饰、瑶族服饰、白族服饰、回族服饰
	HD 现代节庆	HDA 旅游节	（丘北县）普者黑荷花节、丘北辣椒节；（广南县）句町文化旅游节
		HDB 文化节	（文山市）"三七"节、国际民间山歌文化艺术节、"三月三花街节"（壮）；（麻栗坡县）麻栗坡兰花节
		HDC 商贸农事节	（麻栗坡）中越（麻栗坡）国际商贸旅游交易会
		HDD 体育节	少数民族传统体育运动会、（富宁县）"柔情富宁，生态剥隘"全国野钓大赛

2. 主体旅游资源类型

文山州主体旅游资源可以划分以下几类。

（1）山体景观类。山体景观是文山州旅游资源的骨架。包括：A. 喀斯特山体。海拔 100~500 米的低海拔，包括孤峰、峰丛、峰林景观，例如普者黑喀斯特山体、八宝喀斯特山体等，适于开展观光、科普、低空飞行等旅游活动。B. 构造型山体。海拔 1000~3000 米的中高海拔，包括山脉、山峰、山丘景观，例如老君山、九龙山、老山等，适于开展徒步、休闲、康体等旅游活动。

（2）水域风光类。水域风光是文山州旅游资源的血脉。包括：A. 河段风光。动态景观，水面呈带状分布，例如南盘江、盘龙河、八宝河等，适于开展漂流、游憩、滨河商业等旅游活动；B. 湖泊风光。静态景观，水面呈面状分布，例如普者黑湖、君龙湖、听湖等，适于开展休闲度假、水上运动、乘船游览等旅游活动；C. 湿地风光。静态景观，水面呈面状分布，例如普者黑湿地、架街湿地等，适于开展观鸟、科普、游憩等旅游活动；D. 坝塘风光。静态景观，水面呈斑块状分布，例如遍布文山州千余大小不一的坝塘，适于开展垂钓、营地、度假等旅游活动；E. 泉瀑风光。动态景观，水面呈点线状分布，例如三腊瀑布、革雷瀑布、白沙坡温泉、茅坝子温泉等，适于开展观光、康体、休闲等旅游活动。

（3）乡村田园类。乡村田园是文山州旅游资源的肉体。包括：A.美丽乡村。包括古村落、民族村落、景观村落、风情村落等，例如仙人洞村、坝美村、黑鱼洞村、香坪山村、阿峨新寨、坡芽村等，适于开展乡村观光、民俗体验等旅游活动；B.田园风光。包括梯田风光、阡陌风光、果园风光等，例如坝美田园风光、八宝田园风光等，适于开展旅游观光、生态农业、田园度假等旅游活动。

（4）历史人文类。历史人文是文山州旅游资源的灵魂。包括：A.历史文化。包括历史名城、名人故里、文物古迹、抗战遗址等，例如广南历史文化名城、楚图南故居、侬氏土司衙署、老山抗战遗址等，适于开展文化体验、主题创意等旅游活动；B.民族文化。包括服饰文化、铜鼓文化、稻作文化、歌舞文化、民族体育等，例如坡芽歌书、白倮人、壮族干栏式建筑、各民族服饰、射弩、摔跤等，适于开展文化体验、文化创意、旅游演艺等旅游活动。

3.特色旅游资源类型

文山州特色旅游资源划分为以下几类。

（1）生态休闲类。为文山州遍在旅游资源。包括：A.森林生态类，例如老君山自然保护区、古林箐自然保护区、九龙山原始森林等，适于开展科考研学、健康养生、探秘穿越等旅游活动；B.湖泉生态类，例如摆龙湖、君龙湖、菖蒲塘温泉等，适于开展休闲垂钓、房车露营、泉浴养生、摄影采风等旅游活动；C.城市休闲类，例如西华公园、莲湖公园等城市公园，楚图南故居、柯仲平纪念馆等名人故居，盘龙体育城、广南民族博物馆等文化体育场馆，适于开展休闲游憩、健身康体等旅游活动。

（2）医药养生类。为文山州品牌旅游资源。包括：A.中医药养生类，例如文山三七、石斛、金银花、银杏、草果等中药材，适于开展药膳养生、中医治疗、康复保健等旅游活动；B.少数民族医药养生类，例如壮医、苗药、少数民族独特疗法、少数民族独特养生技法等，适于开展医疗、保健、康复等旅游活动。

（3）风情物产类。为文山州多彩旅游资源。包括：A.彩色宝石类，例如麻栗坡祖母绿、马关石榴石等彩色宝石矿产，适于开展珠宝购物、探宝体验、科普游乐等旅游活动；B.民族工艺类，例如壮锦、苗绣、银饰、农民版画、根雕等传统手工产品与工艺品，适于开展旅游购物、参与制造、文化体验等旅游活动；C.农林作物类，例如三七系列产品、辣椒系列产品、茶叶系列产品、水果系列产品等，适于开展旅游购物、绿色餐饮、美食体验等旅游活动。

（4）红色边关类。为文山州个性旅游资源。包括：A. 军事体验类，例如英雄老山革命圣地、狮子山哨所、中共滇桂黔边区工委扩大会议会址——阿猛会址等，适于开展战争缅怀、军事体验、主题旅游等旅游活动；B. 边境口岸类，例如天保口岸、都龙口岸、田篷口岸等，适于开展边境旅游、免税购物、跨境旅游等旅游活动。

（二）旅游资源分布

根据文山州旅游资源集聚状况与旅游开发主题要求，文山州旅游资源空间分布可划分为 3 大旅游片区、8 大旅游区、27 个旅游景区。在项目组实地考察以及获取资料的基础上，从 27 个旅游景区中选取 163 处代表性旅游资源，以进行更细致和深入的评价（见表 1-3）。

表 1-3　文山州旅游资源空间分布表

片区	旅游区	旅游景区	代表旅游资源点	统计
西部山水休养片区	文山都市休闲旅游区	老君山景区	老君山、君龙湖、薄竹山、老屋基万亩银杏庄园、菖蒲唐温泉、茅坝子温泉	6
		盘龙景区	盘龙河、盘龙峡、西华公园、白沙坡温泉、琵琶岛、佛寺街、楚图南故居、大兴寺、五子祠	9
		平坝景区	平坝古镇、平坝老街、观音阁	3
	砚山庄园养生旅游区	阿舍景区	黑巴草场、鲁都克教堂、平远民族文化村、稼依水库	4
		维摩景区	六掌草场、黑渔洞村、碳房集散中心、棒棒灯、阿猛会议遗址	5
		江那景区	听湖、盘龙乡白石岩村、盘龙乡法土龙村、盘龙乡响水龙村、三七科技园	5
	丘北山水度假旅游区	普者黑景区	仙人洞湖、普者黑湖、落水洞湖、摆龙湖、万亩野生荷花、天鹅湖、太阳魂酒庄、月亮洞、观音洞、青龙山、仙人洞村、清水江峡谷、猴爬岩、椒莲广场、城市休闲街区	15
		舍得景区	舍得草场、羊雄山、白泥塘僰人村、华竹箐	4
		六郎洞景区	六郎洞、半边寺、冲头云海、云上天坑、古驿道、铁索桥	6

片区	旅游区	旅游景区	代表旅游资源点	统计
南部边关彩宝片区	西畴芳香颐养旅游区	香坪山景区	香坪山、鸡冠山、木兰园、芹菜塘水库、华盖木	5
		兴街景区	兴街溶洞群、保兴桥、牛羊太平桥、中华鲟特种养殖园、葡萄园	5
		西洒景区	上果村、女子太阳节、上果女人河、老鹰崖瀑布、胡广山、北回广场、鸡街河谷、幺所大榕树、刘家塘人工隧道、曼龙花倮人、金线鲃养殖基地	11
	麻栗坡军魂体悟旅游区	城寨景区	白倮人、荞菜节、白倮服饰、龙树祭祀、吹枪、铜鼓舞、者鲁瀑布	7
		云岭景区	云岭原始森林、干坝子、云岭石斛园、八里河东山、大王岩崖画、小河洞遗址、麻栗坡烈士陵园、茨竹坝云海	8
		老山景区	盘龙河、老山峡谷、清凉洞、曼棍洞、老山主峰、天保边境旅游口岸、祖母绿、马鹿塘水库、老山神炮军事主题园	9
	马关彩宝探秘旅游区	古林箐景区	古林箐原始森林、古茶树、大吉厂云海、草果、香蕉林	5
		木厂景区	石榴石、大栗树和平村、八寨阿雅遗址、马鞍山水库、石龙双碉楼、马洒壮族村、阿峨农民版画、达号水库、倒爬花秆、大马固水淹坝、玉皇阁	11
		都龙景区	都龙新国门、老国门、罗家坪战场遗址、边境集市	4
东部民俗体验片区	广南文化体验旅游区	坝美景区	坝美村、汤那洞、桃花谷、大榕树	4
		莲城景区	广南民族博物馆、莲湖公园、柯仲平纪念馆、莲城历史文化名城、文笔塔、昊天阁、铜鼓广场	7
		八宝景区	三腊瀑布、八宝河、河野村、八宝旅游小镇	4
		旧莫景区	旧莫旅游小镇、王氏宅院、板榔村、板榔河、板榔瀑布	5
		者兔景区	九龙山、马碧村、马碧河	3
		汤纳景区	汤纳溶洞、峰岩洞、峰岩洞村	3
	富宁康体运动旅游区	剥隘景区	剥隘古镇、云南高海拔体育训练基地富宁基地、坡芽村、坡芽歌书、富宁港、驮娘峡谷	6
		田蓬景区	田蓬口岸、狮子山哨所	2
		归朝景区	普厅河、鸟王山、老街三寨、架街湿地、沈土司遗址、谷拉河	6
3	8	27		163

1. 西部山水休养片区

西部山水休养片区，包括文山、砚山、丘北三大旅游区，共9个旅游景区，本片区以岩溶山水、农庄湖泊为旅游资源特色，开发方向为休闲度假。

（1）文山都市休闲旅游区。位于文山州中部，以青山绿水和城市公园为主体资源，拥有老君山、西华公园等省级旅游资源，包括老君山景区、盘龙景区、平坝景区，共3个旅游景区，本区有山、水、文、古、奇、秀等资源类型，以类型多样为资源特色，开发方向为都市休闲。

（2）砚山庄园养生旅游区。位于文山州中部，以美丽乡村和特色农业为主体资源，拥有黑巴草场、原生态民族风情园等省级旅游资源，包括阿舍景区、维摩景区、江那景区，共3个旅游景区，本区以绿色健康为资源特色，开发方向为庄园养生。

（3）丘北山水度假旅游区。位于文山州北部，以峰林峰丛和湖泊湿地为主体资源，拥有普者黑等国家级旅游资源，包括普者黑景区、舍得景区、六郎洞景区，共3个旅游景区，本区以喀斯特山水为旅游资源特色，开发方向为山水度假。

2. 南部边关彩宝片区

中部生态养生片区，包括西畴、麻栗坡、马关三大旅游区，共9个旅游景区，本片区以南国边关、彩色宝石为旅游资源特色，开发方向为彩宝探秘。

（1）西畴芳香颐养旅游区。位于文山州中部，以珍稀林木和生态环境为主体资源，包括香坪山景区、兴街景区、西洒景区，共3个旅游景区，本区以清新舒适为资源特色，开发方向为芳香颐养。

（2）麻栗坡军魂体悟旅游区。位于文山州南部，以战争遗迹和珠宝边关为主体资源，包括城寨景区、云岭景区、老山景区，共3个旅游景区，本区以"红绿"相映为资源特色，开发方向为军魂体悟。

（3）马关彩宝探秘旅游区。位于文山州南部，以原始森林和边疆彩宝为主体资源，包括古林箐景区、木厂景区、都龙景区，共3个旅游景区，本区以地域风光为资源特色，开发方向为彩宝探秘。

3. 东部民俗体验片区

东部民俗体验片区，包括广南、富宁两大旅游区，共9个旅游景区，本片区以民俗风情、山水田园为旅游资源特色，开发方向为民俗体验。

（1）广南文化体验旅游区。位于文山州北部，以历史文化和人文风情为主体资源，拥有坝美、莲城等国家级旅游资源，包括坝美景区、莲城景区、八宝景区、旧莫景区、者兔景区、汤纳景区，共6个旅游景区，本区以山水文化、历史文化、民族文化融汇为资源特色，开发方向为文化休闲。

（2）富宁康体运动旅游区。位于文山州东部，以民族风情和湖光山色为主体资源，包括剥隘景区、田蓬景区、归朝景区，共3个旅游景区，本区以情趣山水为资源特色，开发方向为康体运动。

（三）旅游资源评价

1. 旅游资源点状评价

按照《旅游资源分类、调查与评价》（GB/T 18972—2003）（见表1-4）中所规定的分类评价体系，对文山州代表性旅游资源进行赋分，然后根据所得的分值和等级指标给旅游资源单体确定其等级。

表1-4　旅游资源评价赋分标准

评价项目	评价因子	评价依据	赋值
资源要素价值（85分）	观赏游憩使用价值（30分）	全部或其中一项具有极高的观赏价值、游憩价值、使用价值。	30~22
		全部或其中一项具有很高的观赏价值、游憩价值、使用价值。	21~13
		全部或其中一项具有较高的观赏价值、游憩价值、使用价值。	12~6
		全部或其中一项具有一般的观赏价值、游憩价值、使用价值。	5~1
	历史文化科学艺术价值（25分）	同时或其中一项具有世界意义的历史、文化、科学、艺术价值。	25~20
		同时或其中一项具有全国意义的历史、文化、科学、艺术价值。	19~13
		同时或其中一项具有省级意义的历史、文化、科学、艺术价值。	12~6
		同时或其中一项具有地区意义的历史、文化、科学、艺术价值。	5~1
	珍稀奇特程度（15分）	有大量珍稀物种，或景观异常奇特，或此类现象在其他地区罕见。	15~13
		有较多珍稀物种，或景观奇特，或此类现象在其他地区很少见。	12~9
		有少量珍稀物种，或景观突出，或此类现象在其他地区少见。	8~4
		有个别珍稀物种，或景观比较突出，或此现象在其他地区较多见。	3~1
	规模、丰度与几率（10分）	独立型旅游资源单体规模、体量巨大；集合型旅游资源单体结构完美、疏密度优良级；自然景象和人文活动周期发生或频率极高。	10~8
		独立型旅游资源单体规模、体量巨大；集合型旅游资源单体结构很和谐、疏密度良好；自然景象和人文活动周期发生或频率很高。	7~5

续表

评价项目	评价因子	评价依据	赋值
资源要素价值（85分）	规模、丰度与几率（10分）	独立型旅游资源单体规模、体量中等；集合型旅游资源单体结构和谐、疏密度优较好；自然景象和人文活动周期发生或频率较高。	4~3
		独立型旅游资源单体规模、体量较小；集合型旅游资源单体结构较和谐、疏密度一般；自然景象和人文活动周期发生或频率较小。	2~1
	完整性（5分）	形态与结构保持完整。	5~4
		形态与结构有少量变化，但不明显。	3
		形态与结构有明显变化。	2
		形态与结构有重大变化。	1
影响力（15分）	知名度和影响力（10分）	在世界范围内知名，或构成世界承认的名牌。	10~8
		在全国范围内知名，或构成全国性的名牌。	7~5
		在本省范围内知名，或构成省内的名牌。	4~3
		在本地区范围内知名，或构成本地区的名牌。	2~1
	适游期或使用范围（5分）	适宜游览的日期每年超过 300 天，或适宜于所有游客使用和参与。	5~4
		适宜游览的日期每年超过 250 天，或适宜于 80% 游客使用和参与。	3
		适宜游览的日期每年超过 150 天，或适宜于 60% 游客使用和参与。	2
		适宜游览的日期每年超过 100 天，或适宜于 40% 游客使用和参与。	1

　　根据旅游资源单体评价总分，将其分为五个等级。从高到低为：五级旅游资源，得分值域 ≥ 90 分；四级旅游资源，得分值域为 75~89 分；三级旅游资源，得分值域为 60~74 分；二级旅游资源，得分值域为 45~59 分；一级旅游资源，得分值域为 30~44 分；未获等级旅游资源，得分 ≤ 29 分。

　　依据上述评价方法，从代表性旅游资源筛选中进行评价，文山州共有列级旅游资源单体 163 个，其中五级旅游资源有 6 个，四级旅游资源有 35 个，三级旅游资源有 55 个，二级旅游资源有 47 个，一级旅游资源有 15 个，分别占旅游资源总数的 3.68%、22.09%、34.97%、29.45%、9.82%（见表 1-5）。

表1-5 文山州旅游资源等级评价表

资源等级	资源名称	数量
五级	仙人洞湖、普者黑湖、青龙山、老君山、祖母绿、石榴石	6
四级	万亩野生荷花、天鹅湖、太阳魂酒庄、落水洞湖、摆龙湖、太阳魂酒庄、香坪山、鸡冠山、坝美村、广南民族博物馆、莲城历史文化名城、三腊瀑布、八宝旅游小镇、九龙山、汤纳溶洞、君子湖、薄竹山、盘龙河、西华公园、白沙坡温泉、平坝古镇、黑巴草场、麻栗坡烈士陵园、老山主峰、天保边境旅游口岸、老山神炮军事主题园、大栗树和平村、马鞍山水库、阿峨农民版画、都龙新国门、云南高海拔体育训练基地富宁基地、坡芽歌书、驮娘峡谷、田蓬口岸、架街湿地	35
三级	仙人洞村、月亮洞、观音洞、舍得草场、兴街溶洞群、冲头云海、羊雄山、汤那洞、莲湖公园、文笔塔、昊天阁、八宝河、马碧村、峰岩洞、峰岩洞村、菖蒲唐温泉、茅坝子温泉、盘龙峡、平坝老街、稼依水库、碳房集散中心、阿猛会议遗址、听湖、香坪山、鸡冠山、木兰园、兴街溶洞群、牛羊太平桥、上果村、女子太阳节、上果女人河、鸡街河谷、白倮人、荞菜节、白倮服饰、云岭石斛园、大王岩崖画、小河洞遗址、茨竹坝云海、老山峡谷、清凉洞、曼棍洞、马鹿塘水库、古林箐原始森林、大吉厂云海、八寨阿雅遗址、石龙双碉楼、马洒壮族村、老国门、剥隘古镇、坡芽村、富宁港、普厅河、鸟王山、老街三寨	55
二级	清水江峡谷、猴爬岩、古驿道、白泥塘僰人村、城市休闲街区、桃花谷、柯仲平纪念馆、铜鼓广场、河野村、马碧河、老屋基万亩银杏庄园、琵琶岛、佛寺街、大兴寺、五子祠、鲁都克教堂、平远民族文化村、六掌草场、黑渔洞村、棒棒灯、盘龙乡白石岩村、盘龙乡法土龙村、盘龙乡响水龙村、芹菜塘水库、保兴桥、中华鲟特种养殖园、葡萄园、老鹰崖瀑布、胡广山、华盖木、刘家塘人工隧道、曼龙花倮人、龙树祭祀、吹枪、铜鼓舞、者鲁瀑布、云岭原始森林、干坝子、八里河东山、盘龙河、古茶树、达号水库、大马固水淹坝、玉皇阁、罗家坪战场遗址、边境集市、谷拉河	47
一级	椒莲广场、华竹箐、铁索桥、大榕树、楚图南故居、观音阁、三七科技园、北回广场、么所大榕树、金线鲃养殖基地、草果、香蕉林、倒爬花秆、狮子山哨所、沈土司遗址	15

2. 列级旅游资源评价

截至2015年年底，云南全省有200多家 AA 级以上旅游景区，截至2017年10月，文山州有 AAAA 级旅游景区1家、AAA 级旅游景区1家、AA 级旅游景区6家；云南全省有12个国家级风景名胜区、54个省级风景名胜区，其中文山州共有国家级风景名胜区1家、省级风景名胜区5家；云南全省有15个国家水利风景区，其中文山州共有国家水利风景区2家；云南全省有10个国家地质公园，其中文山州共有国家地质公园0家；云南全省有1个国家级旅游度假区、9个省级旅游度假区，其中文山州共有省级旅游度假区1家；云南省共有国际重要湿地4处、湿地类型的自然保护区17个、国家湿地公园7个，其中文山州共有1个国家级湿地公园；云南全省有20个国家级自然保护区、38个省级自然保护区，其中文山州共有1个国家级自然保护区、6个省级自然保护区。通过比较可以看出，文山州列级旅游资源数量较少、等级一般，不适合开展常规型旅游观光活动，特殊的资源环境需要寻找旅游业发展的突破口（见表1-6）。

表1-6 文山州列级旅游资源名录

类型	名称	分布地点	等级
A级景区	丘北普者黑景区	丘北县	AAAA
	文山广南世外桃源坝美景区	广南县	AAA
	富宁驮娘江景区	富宁县	AA
	文山西华公园	文山市	AA
	广南八宝风景区	广南县	AA
	文山君龙湖水利风景区	文山市	AA
	广南民族博物馆	广南县	AA
	广南安化郡主墓	广南县	AA
风景名胜区	普者黑国家重点风景名胜区	丘北县	国家级
	文山老君山省级风景名胜区	文山市	省级
	广南八宝省级风景名胜区	广南县	省级
	砚山浴仙湖省级风景名胜区	砚山县	省级
	麻栗坡老山省级风景名胜区	麻栗坡县	省级
	富宁驮娘江省级风景名胜区	富宁县	省级
国家级水利风景区	摆龙湖国家水利风景区	丘北县	国家级
	君龙湖国家水利风景区	文山市	国家级
森林公园	罗汉山省级森林公园	文山市	省级
	鸡冠山省级森林公园	西畴县	省级
旅游度假区	丘北普者黑省级旅游度假区	丘北县	省级
湿地公园	普者黑国家湿地公园	丘北县	国家级
国家级非物质文化遗产	壮族彝族铜鼓舞	广南县	国家级
	彝族葫芦笙舞	广南县	国家级
	壮剧	广南县	国家级
	坡芽情歌	富宁县	国家级
	女子太阳山祭祀	西畴县	国家级

续表

类型	名称	分布地点	等级
自然保护区	文山国家级自然保护区	文山市、西畴县	国家级
	广南八宝省级自然保护区	广南县	省级
	丘北普者黑省级自然保护区	丘北县	省级
	富宁驮娘江省级自然保护区	富宁县	省级
	马关古林箐省级自然保护区	马关县	省级
	麻栗坡老山省级自然保护区	麻栗坡县	省级
	麻栗坡—马关老君山省级自然保护区	麻栗坡、马关县	省级
全国重点文物保护单位	侬氏土司衙署	广南县	国家级
	大王岩岩画	麻栗坡县	国家级
中国传统古村落	坝美镇汤拿村	广南县	国家级
	者兔乡里夺村	广南县	国家级
	者兔乡西牙村	广南县	国家级
	者兔乡者妈村	广南县	国家级
	者太乡上米哈村	广南县	国家级
	者太乡下米哈村	广南县	国家级
	者腊乡批洒村	砚山县	国家级
	马白镇马洒村	马关县	国家级
	八寨镇八寨街脚村	马关县	国家级
	曰者镇河边村	丘北县	国家级
	平寨乡革雷村	丘北县	国家级
	腻脚乡老寨村	丘北县	国家级
	温浏乡石别村	丘北县	国家级
	董干镇城寨村	麻栗坡县	国家级
全国特色景观旅游名村	双龙营镇普者黑村	丘北县	国家级

3. 县市旅游资源评价

为使各县市旅游资源开发综合评价对后期发展更具有指导意义，抽取资源价值、经济基础、交通状况、旅游设施等重要基础因素，对文山州各县市旅游资源开发等级进行评价，见表1-7。综合考虑各县市现实状况及区域差异，并采取专家调查法进行赋分和权重确定。经计算，结果显示：旅游资源开发潜力等级顺序分别为文山市（8.7）、砚山县（7.8）、丘北县（9.1）、西畴县（7.0）、麻栗坡县（7.9）、马关县（6.9）、广南县（8.2）、富宁县（7.7）。

表1-7　文山州各县（市）旅游资源开发综合评价

区域	资源价值	经济基础	交通状况	旅游设施	综合评分
文山市	7.4	10	9	9	8.7
砚山县	6	9	10	7.3	7.8
丘北县	10	8.5	7.9	10	9.1
西畴县	7.5	6.5	7	6.6	7.0
麻栗坡县	8.5	7	7.8	8	7.9
马关县	7.3	6	7.4	6.5	6.9
广南县	9	7.5	7.5	8.5	8.2
富宁县	7.7	7.8	8	7	7.7

4. 旅游资源综合评价

文山州旅游资源覆盖面宽，类型丰富，自然旅游资源与人文旅游资源有机组合，整体资源质量等级较高，资源开发条件较好。其中，山体景观类、水域风光类、乡村田园类、历史人文类等基础性旅游资源数量丰富、种类齐全，生态休闲类、医药养生类、风情物产类、红色边关类等特色旅游资源主题鲜明、亮点突出，具有开发建设休闲健康旅游的资源保证。具体主要评价结论如下：

（1）从旅游资源风格看，文山州旅游资源属于舒缓、柔美型旅游资源，适合发展休闲、度假、健康型的旅游业。

（2）从旅游资源分布看，文山州旅游资源分布离散、资源体量小、震撼力不强，适合自驾车、营地型、庭院型等微旅游模式。

（3）从旅游资源对比看，作为喀斯特山水旅游资源区，广西桂林山水喀

斯特知名度高、贵州荔波锥状喀斯特生态完好、重庆武隆天坑喀斯特震撼力
强、云南石林剑状喀斯特造型奇特，文山州喀斯特的优势在于组合性优，森
林与水体、喀斯特山水与民族风情的组合、山体与水体的组合、山体与森林
的组合，适合发展多样化旅游业态。

（4）从旅游资源卖点看，文山州拥有森林、水体、气候、文化、物产、
体育等多种健康旅游资源，是云南省休闲健康旅游最具发展潜力的区域（见
表1-8）。

表1-8　文山州休闲健康旅游资源表

资源类型	资源代表	产品设计
森林旅游资源	老君山自然保护区、九龙山原始森林、小桥沟自然保护区、古林箐自然保护区、香坪山林场、鸡冠山原始森林、云岭原始森林	森林公园、森林氧吧、健康步道、徒步探险、房车露营、森林公寓
水体旅游资源	普者黑湖、三腊瀑布、君龙湖、盘龙河、听湖、芹菜塘水库、马鞍山水库、大马固湖、驮娘江、架街湿地	观鸟中心、科考基地、生态栈道、湖滨浴场、旅游地产、水上运动、潜水旅游、低空旅游
气候旅游资源	湖滨气候、森林气候、田园气候、洞穴气候（文山州气候特点为空气清新、负氧离子高、避暑避寒、温度湿度适宜）	医疗旅游、养生旅游、洞穴旅游、户外旅游
温泉旅游资源	茅坝子、菖蒲塘、白沙坡温泉、芦柴冲温泉、将军洞"南国第一汤"温泉	温泉SPA、温泉公园、温泉疗养中心、温泉营地
文化旅游资源	佛、道、基督教、原始祭祀等宗教文化，苗、壮、瑶等民族乡土文化，古代、近代、现代历史文化，苗族花山节、壮族三月节、彝族火把节等节庆文化，中医中药文化	宗教体验、节庆旅游、养心旅游、研学旅游、情感旅游
物产旅游资源	三七、天麻、石斛及各种植物医药，八宝米、草果、八角、辣椒、茶叶、水果等农林作物，岜夯鸡、糯米饭、三汽汽锅鸡、苗家狗肉锅等美食名菜，祖母绿、石榴石、透辉石、水晶等宝石矿物	中医养生馆、养生基地、中药庄园、香草庄园、芳香旅游、药膳养生、宝石购物、珠宝保健
体育旅游资源	云南高海拔体育训练基地富宁基地、盘龙体育城、高山峡谷、河流湖泊、各少数民族体育	水上运动、体育竞赛、攀岩探险、徒步穿越、民族体育

四、全构市场预测

（一）旅游市场规模

1.客源市场增长

（1）文山州总体客源市场持续增长，但增长不平稳

文山州从 2001 年接待旅游者 149.23 万人次，到 2015 年接待旅游者 1155 万人次，15 年间旅游人次增长了 663.33%，接待旅游者人次基本上保持 10% 以上的增长率。2001 年旅游综合收入 5.15 亿元，到 2015 年旅游综合收入 102 亿元，15 年间旅游总收入增长了 1775.92%，旅游综合收入也基本上保持了 20% 以上的增长率。但是接待旅游者人次与旅游综合收入的增长率波动起伏较大（详见图 1-8、表 1-9），增长波动均大于 10%，旅游综合收入的增长率波动甚至超过了 60%，出现大起大落的剧烈波动情况，表现出了很明显的不稳定性。统计表明，文山州的旅游接待人次和旅游综合收入保持了持续增长的走势，但是发展显示出不平稳性，说明文山州旅游业发展还够不成熟。

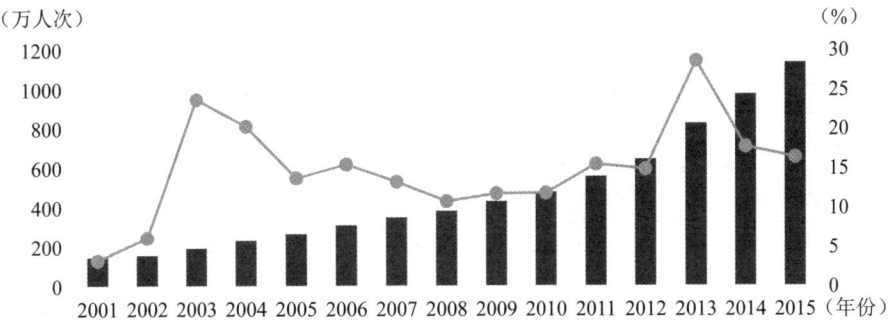

图 1-1　2001—2015 年文山州旅游人数及其增长率统计表

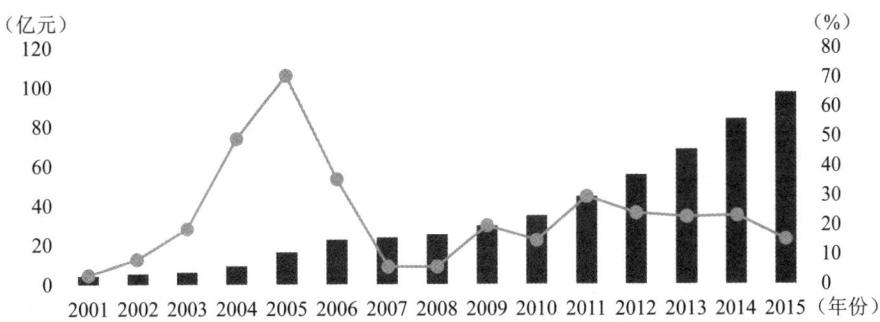

图 1-2　2001—2015 年文山州旅游收入及其增长率统计表

（2）文山州旅游市场正步入发展的快车道，但与省内其他地区相比还有差距

文山州近几年旅游业发展风生水起，旅游人数有望突破千万大关。但由于旅游业整体起步较晚，与省内一些州市相比发展相对滞后。此处以 2015 年数据为依据，对云南省 15 个地州市的旅游发展状况进行横向对比。从旅游总收入来看，文山州排名第 14 位；从旅游接待人数来看，文山州排名第 13 位。结合旅游业经济效益和对国民经济的贡献水平来看，可以判断文山州旅游经济发展水平在云南省处于比较靠后的位置。因此，文山州还需要引起重视，不断加快客源市场规模发展步伐（见表 1-9）。

表 1-9 文山州与云南省内其他 15 个地州市旅游统计比较一览表（2015 年）

地区 \ 指标	旅游收入（亿元）	排名	旅游人数（万人次）	排名
昆明市	723.46	1	6911.4	1
曲靖市	105.22	13	1338.42	11
玉溪市	126.41	8	2310.09	5
昭通市	113.29	9	2065.79	6
保山市	112.79	10	1279.38	12
普洱市	107.52	11	1529.06	10
丽江市	483.48	2	3055.98	2
临沧市	65.61	15	790.75	15
楚雄市	105.68	12	2033.68	7
红河州	191.63	5	2587.14	4
文山州	96.61	14	1097.6	13
西双版纳州	286.7	4	1892.77	8
大理州	388.4	3	2928.51	3
德宏州	157.58	7	1040.07	14
怒江州	26.1	16	265.27	16
迪庆州	185.72	6	1758.07	9

资料来源：云南省旅游发展委员会。

（3）文山州边境一日游客源市场呈不断扩大趋势，发展潜力巨大

在研究 2001—2015 年文山州旅游者统计指标基础上，最值得注意的是，文山州的旅游人数统计由三部分组成：海外旅游者、国内旅游者、边境一日游旅游者。2001 年，边境一日游游客有 13.53 万，到 2015 年边境一日游游客达到 41.51 万，15 年增长了 206.80%，呈不断增长趋势。文山州充分发挥与越南相邻的区位优势，利用与越南旅游资源的差异性和互补性的优势，培育文山至越南北部的河江、宣光、富寿等省的跨境旅游项目，形成独具特色的跨境旅游线路，文山州边境跨境旅游发展潜力较大（见图 1-3）。

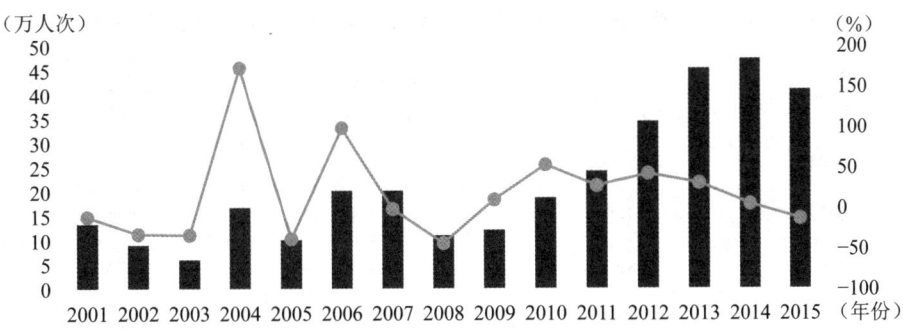

图 1-3　文山州 2001—2015 年边境一日游旅游人数及增长率统计

2. 客源市场规模

（1）文山州年游客接待量已逾千万人次

根据 2015 年统计，文山州接待旅游者达到 1139.11 万人次，比 2014 年增长 16.44%。文山州旅游业起步于 20 世纪 90 年代初，受交通条件有限、旅游产品开发单一、旅游观念等主观和客观因素的制约，文山州的旅游发展起步晚、规模有限。但是近年来，文山州以科学发展观为指导，紧紧抓住云南作为国家推进旅游产业综合改革试点省的重大机遇，使得文山州旅游业有了持续发展，初步建设了一些以普者黑、坝美等为代表的国内知名的旅游景区，客源整体规模上拥有较大的开发潜力。

（2）文山州年旅游综合收入接近百亿元

根据 2015 年统计，文山州旅游综合收入达到 96.61 亿元，其中旅游外汇收入 4553.39 万美元，国内旅游收入 93.82 亿元，旅游外汇收入占比较小，尚有较大的提升空间。文山州抓住云南建设"两强一堡"、旅游综合改革及文山建设新高地的机遇，紧紧围绕州委、州政府提出的战略目标，创新思路，真抓实干，全州旅游工作亮点不断呈现。从文山州在全省各州市中的排名也可以看出，在云南省内，文山州的旅游者平均消费额并不算太低，表明文山州的旅游

赢利渠道具有较大空间，还需要根据旅游市场需求不断完善旅游经营模式。

（3）文山州客源市场以国内游客为主体

根据2001—2015年文山州旅游者统计指标分析，文山州旅游客源市场主体是国内游客，国内旅游人数占总旅游人次的比重占95%左右，海外旅游者总人次相比绝对值非常小，处于0.5%以下。所以，文山州目前旅游客源市场结构是以国内游客为主，客源结构不尽合理。因此，文山州需要在继续扩大国内游客的同时，更加注重海外游客的培育和开发，使文山州成为具有国际吸引力的旅游目的地（见表1-10）。

表1-10　文山州2001—2015年国内旅游人数占总旅游人数的比重统计

年份	国内旅游者 （万人次）	接待人数 （万人次）	国内旅游人数占总旅游 人数的比重
2001	135.38	149.23	91%
2002	149	158.46	94%
2003	189.71	196.08	97%
2004	218.8	236	93%
2005	257.91	268.37	96%
2006	289.32	309.99	93%
2007	329.36	351.04	94%
2008	376.73	389.18	97%
2009	421.11	435.08	97%
2010	465.12	486.06	96%
2011	535	561.35	95%
2012	607.38	645.49	94%
2013	780.24	830.8	94%
2014	924.94	978.18	95%
2015	1091.49	1139.11	96%

3. 客源市场影响

旅游客源市场对文山州旅游目的地的影响主要体现以下三个方面。

（1）文山州旅游具有三维客源市场转化潜力

以2008年为节点，文山州旅游客源市场出现第一次转化。2008年以前文山州主要以本地县市、周边州市为主要客源市场，零星吸引由昆明、南宁等分流而来的部分省内外游客；2008年以后文山州客源市场发生逆转，主要以吸引西南的四川、重庆等省外游客为主，以吸引省内游客为辅。2013年中国三产比重首次超过二产，国民步入休闲健康旅游新时代；"一带一路"战略构想横空出世，中国与世界联系更加紧密；2016年云桂高铁开通，文山州将全面进入高速时代；文山州旅游面临第二次客源市场转化，不仅吸引云南省内游客，更会对珠三角游客乃至越南游客产生广泛吸引力，从而形成省内、省外、境外三维齐头并进发展格局。

（2）以广昆高速为代表的物流通道向客流通道升级

2008年广昆高速文山段通车，文山州结束没有高速公路的历史，文山州不仅是云南的东大门，更是连接云南与珠三角最便捷的通道，由此打开云南与沿海、高山与大海对话的窗口。一时之间，在广昆高速上穿梭着全国不同地域的各类牌照的汽车，文山州发展通道经济优势凸显。2016年云桂高铁开通后，从空间上进一步拉近云南与珠三角、北部湾的距离。商贸通，人流兴，有商则兴，有人则旺。文山州大批在旅游大开发时代留存下来的原生山水在健康休闲时代开始焕发新的活力，文山州商贸通道走到了客货兼容并向客流通道跃升前的心跳时刻。

（3）以普者黑为龙头引领文山旅游休闲健康新风尚

近年统计数据显示，普者黑旅游客源市场显示出不同于大众观光时代的明显特征：省外游客为主、省内游客为辅；自驾游客比例高；重游率较高。普者黑度假型旅游目的地建设开始发力。普者黑的旅游客源充分体现出健康休闲旅游者的特征（重游率高、自驾出行、心理回归）。对旅游者来说，旅游是短期的生活逸出，对社会而言，则是长存的生活常态。在寻求深度体验和丰富阅历的过程中，人们的价值观在发生深刻的变化，社会也在不断地进步，反过来又会推动旅游目的地的不断变化、不断升级。建设一流的旅游目的地，创造健康休闲新风尚，提供新的生活方式，培育新的价值观，是文山州旅游新的使命和新方向。

（二）旅游市场结构

1.客源地域结构

根据多年统计数据和抽样调查，文山州客源地域构成呈现"以国内为主、海外为辅"和"以外地为主、本省为辅"的格局。从2015年文山州的客源地域结构来看，文山州接待省外游客611.59万人次，省外市场（远程市场）以

53.69% 的比重占据首位；其次是相邻地州市场（近程市场），共接待 300.38 万人次，占 26.37%；再次是省内市场（中程市场），共接待 179.52 万人次，占 15.76%；边境一日游游客，接待了 41.51 万人次，占 3.64%，海外市场（远程市场）接待人次最少，接待了 6.11 万人次，仅占 0.54%。上述客源市场地域结构表明：从文山州客源市场的地域构成看，由于文山州旅旅游产品特点不突出，在国际旅游市场上吸引力非常有限，因而海外客源较少，仅占游客总数的 0.54%，因而文山州目前的客源市场是以国内游客为主体。由此决定了文山州近几年的旅游资源开发和旅游业发展应立足于国内客源市场，而国内游客的消费方式和特点，又决定着文山州旅游资源的开发方向和旅游市场的营销重点。同时，在国内游客中省外游客比省内游客比重大，表明开发和吸引省内游客仍有巨大潜力；同样，省内游客中近程相邻地州游客比中程省内游客比重大，亦表明省内中程市场也有相当潜力；在海外客源市场方面，既要注重吸引赴昆明、赴南宁的海外游客分流赴文山，同时也要注意开发和吸引从边境口岸入境的境外部分游客。因而，加大旅游资源开发力度，提高旅游吸引力，是文山州旅游业发展的关键（见图 1-4）。

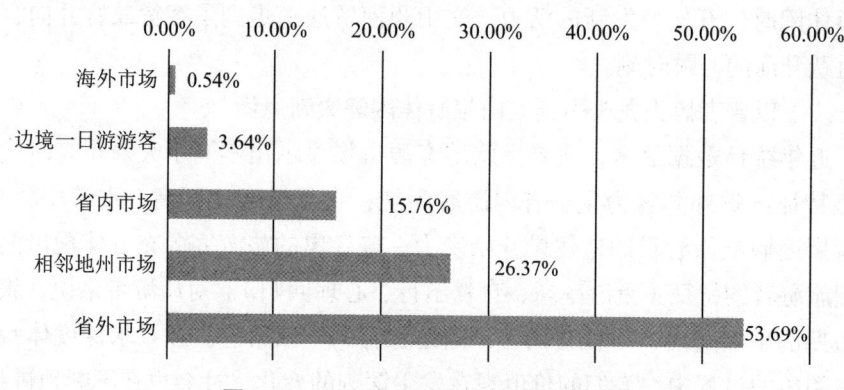

图 1-4　2015 年文山州客源地域结构图

2. 客源类型结构

从年龄层次看，以处于 25~44 岁年龄段的中青年最多，占游客总数的 54%；处于 45~64 岁年龄段的中老年其次，所占比例为 22%；15~24 岁年龄段的青年也有相当数量，占 11%；14 岁以下年龄段的青少年占 7%；65 岁以上年龄段的老年占 6%。文山州游客年龄结构见图 1-5。由此表明，赴文山州旅游的游客以中青年游客为主体，比例达到 54%。这个年龄段的特点是精力充沛、体力好、具有一定的旅游趋向，且消费限制少（见图 1-5）。

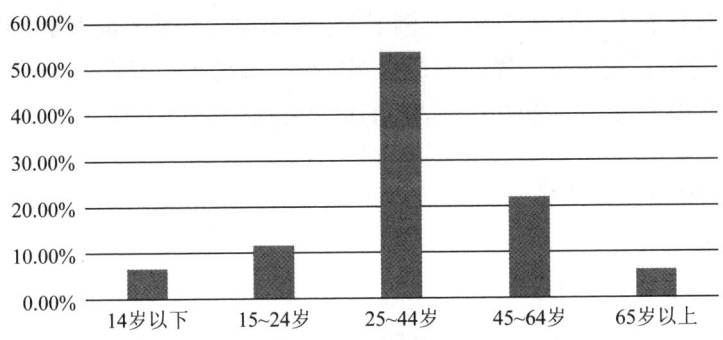

图1-5 文山州旅游者年龄结构图

3. 游客消费结构

2015年,旅游者在文山州的人均旅游消费为832元,在云南省16个州市中文山州旅游消费处于中等水平。获取游客的旅游花费是一个地区发展旅游业的主要目的,同时游客花费也最能反映一个地区旅游业的发展水平。

外地来文山州的旅游者平均停留时间为3天,在文山州的人均消费为832元(人均日消费277元),其中住宿278元,占33.4%;交通194元,占23.3%;餐饮119元,占14.3%;游览43元,占5.2%;娱乐35元,占4.2%;购物102元,占12.3%;其他61元,占7.3%。旅游者在文山州旅游消费情况见图1-6。

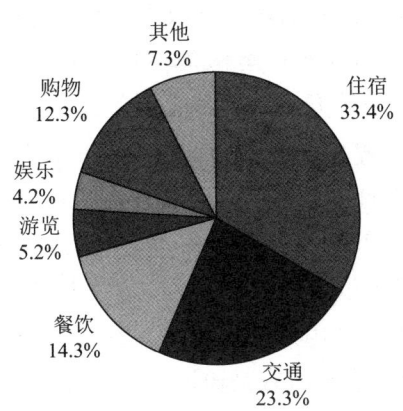

图1-6 文山州客源消费结构图

在游客的消费构成中,最基本的刚性消费是住宿费用、交通费用、餐饮费用,三者共计591元,占总消费的71%;在弹性消费中,游览费用、娱乐费用、购物费用及其他费用差异不大,四者共计241元,占总消费量的29%。上述消费结构表明:文山州的旅游消费主要用于基本性旅游消费(吃、住、行），而非基本性旅游消费所占比例不大；在非基本性旅游消费中，购物消费占有相当比例；而游览、娱乐消费比例较低，因而大力开发景区景点和丰富娱乐活动是优化文山州旅游消费结构的重要方向。

（三）旅游市场态势

1. 旅游市场走势

根据前述对旅游市场规模、旅游市场结构等问题的分析，运用现代圈域经济理论和方法，对文山州的四个圈层旅游市场走势作如下定位：省外市场骤然增长、省内市场较大增长、区域市场明显增长、海外市场逐步增长。

第一圈层，区域旅游市场，以文山州为中心，主要包括文山州、红河州、昆明市、百色地区等相邻州市近程市场。这一圈域内共有人口 1000 多万人，其中昆明市是云南省经济最发达的地区，具有空间距离相近、交通联系密切等诸多优势，随着社会经济的发展，出游人数将会有明显增长，从而形成文山州旅游客源的第一圈层市场。该市场是文山州的近程市场，"十三五"期间将保持 40%~55% 的递增率，到 2020 年游客规模可达 1200 万人次。

第二圈层，省内旅游市场，主要包括以曲靖市、玉溪市、楚雄州等为代表的云南省内中程市场。这一圈域内有云南省经济发展水平较高的州市，如曲靖、玉溪、楚雄均是云南省居民人均收入较高的地区，出游能力较强；加之云南高速公路网、铁路和航空运输条件的改善，周末假期、节假休息以及路程距离适中和交通条件方便，从而形成文山州的第二圈层市场。该市场为文山州的重要国内客源市场。随着社会经济的发展和文山州交通条件的改善，在近期内该市场的游客规模将会有较大增长，"十三五"期间将保持 30%~45% 的递增率，到 2020 年游客规模达到 850 万人次。

第三圈层，省外旅游市场，主要包括珠江三角洲、西南省区、长江三角洲、京津唐地区等。由于文山州的省外客源在一定程度上依托昆明、南宁、红河的市场，相当部分的省外游客是通过上述市场的分流转赴文山的。因而，尽管在旅游吸引力上文山州与上述地区具有一定的互补性，但在旅游知名度和旅游资源级别方面还不能与之相比，因而在近期省外游客在相当程度上仍将依托昆明、南宁、红河的客源市场。该市场为文山州的重要国内客源市场，随着文山州旅游开发的深入和旅游交通的改善，游客规模将会骤然增长，"十三五"期间将保持 30%~45% 的递增率，到 2020 年游客规模达到 2750 万人次。

第四圈层，海外旅游市场，主要包括东南亚地区、港澳台地区、东北亚地区、欧美地区等。这一市场存在着与省外市场相同的结构特点，主要依托昆明、南宁以及云南省的西南部边境一线，其客源市场依赖性更强。由于该市场在文山州的客源市场中所占比例份额较小，随着文山州对外开放的深入和交通条件的改善，该圈层市场的规模会逐步增长，"十三五"期间将保持15%~20%的递增率，到2020年游客规模可达14万人次。

2. 客源市场潜力

（1）扩大地区内需的市场潜力

国家已确立把旅游业作为扩大内需、拉动经济增长的战略性支柱产业，必将加大旅游宣传力度，使旅游观念深入人心，激发人们的旅游消费热情。据统计，2015年文山州城镇常住居民人均可支配收入23753元，具有足够的可自由支配收入用于旅游消费。参照全国居民52%的出游率，考虑到文山州经济发展水平，按45%的出游率计算，文山州范围内城镇134.07万居民的出游市场潜力可达60.33万人次以上。以人均花费100元计算，地区范围内城镇居民用于旅游花费将达6033万元，这极有利于提高文山州的旅游服务业水平并促进产业结构的调整。

（2）区域合作带来的市场增长机遇

滇黔桂喀斯特生态旅游区的共建合作为文山州旅游发展带来了区域合力建设机遇。本着资源共享、市场共拓、信息互通、实现共赢的原则，滇黔桂三省联合建设"滇黔桂喀斯特生态旅游区"，共同打造滇黔桂奇山秀水生态文化精品旅游线和西南少数民族文化生态旅游走廊，加强三方在旅游宣传促销、跨省区旅游精品景区和精品线路建设、旅游项目投资、旅游市场管理、旅游人才培训等方面的合作，建立旅游合作保障机制，建设面向东盟的国际旅游目的地。

（3）交通改善对旅游市场的拉动

文山州的交通基础设施建设日新月异，公路、铁路、水运、航空立体交通网络正在加速形成。文山境内以"三纵三横"为骨架的公路网已粗具雏形，文山南昆高速公路砚平、平锁、罗富三段已经建成通车，云南进入"两广"的衡昆高速罗村口至锁龙寺段也全线贯通。铁路建设方面，云桂高速铁路（即新南昆铁路）于2009年开工，2016年建成通车。百色经文山至蒙自的铁路也已进入前期研究。水运方面，云南通往"两广"的唯一水运港口——千吨级富宁港建成后，文山将成为云南最便捷的出海港口。航空方面，普者黑机场顺利通航，使文山真正成为拥有"海、陆、空"立体交通网的交通枢纽。

上述交通基础设施条件的改善，会大大提高文山州的交通运力和坐乘舒适性，从而将极大地促进国际旅游与国内旅游的发展，其拉动效应将使其客源量大幅度增长。

（4）旅游推广宣传形成促销效应

旅游业是一项消费引导型产业，旅游宣传促销是推动一个地区旅游业发展的关键。近几年来，文山州在宣传促销方面采取了若干重大举措，如积极参加各种国内、国外旅游博览会和交易会，加大招商引资力度，举办各种大型主题活动，召开新闻发布会等。按照经验常数，中国的旅游地每吸引1人次国内旅游者需投入0.5元促销费，每吸引1人次海外旅游者需投入1.5美元促销费。若按此常数，文山州采取措施落实宣传促销经费，将会有力地促进客源市场的增长。特别是文山州在旅游知名度较低、宣传促销经费有限的条件下，要制订长期切实可行的宣传促销计划，使旅游形象在促销积累的基础上逐步确立起来。

3. 旅游市场突破

文山州在客源市场开发上，需要实现四大突破。

（1）国内客源向海外客源、本地客源向外地客源市场扩散

文山州目前的客源市场以国内客源市场为主，国内市场中又以省外客源市场为主，应逐步向全省、全国客市场拓展，再由国内客源市场向海外客源市场拓展，最终形成本地客源、省外客源、海外客源的多元旅游客源市场格局。

（2）观光型游客逐步向休闲健康型游客转变

文山州应积极主动融入旅游度假市场中去，改变来文山州的旅游者以山水观光游览为主的旅游方式，利用喀斯特山水风光、良好的气候环境等营造舒适、恬静的度假休闲氛围，致力于打造休闲健康的旅游目的地品牌。适应旅游业发展潮流，促进观光旅游向健康休闲旅游的转变。

（3）由以青年游客为主向各个年龄阶段拓展

根据统计数据，目前文山州旅游者从年龄层次看以中青年游客为主体，处于25~44岁年龄段的中青年占游客总数的52%。当然这个年龄段的具有相当的旅游趋向，且消费限制少。但是文山州的旅游资源、旅游产品决定了可以开发任何年龄段都满意的旅游产品，如针对银发市场、蜜月市场、养生市场、康体市场、亲子市场的专项旅游产品，逐步吸引其他类型客源市场。

（4）周末游客向全周游客延伸

文山州客源主要是来自周边州市、周边省市的特点，致使文山州周末休

闲短程及部分中程距离游客占了绝大部分。因此需要实现周末游客向全周游客的拓展，打造"2+5"的游客分布模式，策划设计 5 日的游览内容，构筑 5 日的旅游支撑要素，形成 5 日的健康休闲氛围。

（四）旅游市场预测

综合考虑文山州 2011—2015 年旅游收入、旅游人数的增长率及增长规律，旅游发展的大环境、旅游资源类型、旅游者偏好、区位条件等各种影响因素，按照近、中两个阶段分别对文山州旅游客源市场进行保守预测和乐观预测，预测采用综合增长率模型，对研究期内文山州旅游的游客规模和旅游收入进行预测，综合增长率模型为：$M=M_d (1+R)^n$（M 为预测数，旅游人数以及旅游收入，M_d 上年基数，R 为年增长率，n 为预测年限）；在旅游人次预测的基础上，对旅游总收入进行预测（保守值和乐观值）。

1. 国内客源市场预测

鉴于大众旅游时代的到来、休闲养生潮流的推进以及系列旅游产业政策红利和国民休闲计划的推进，以及云南高铁通车等利好因素，预计 2016—2020 年这一时期，文山州国内旅游人次和收入会在原来的基础上，有一个井喷式的增长。但是，随着上述两个指标基数的不断扩大，增长率会在 2021—2025 年期间出现回落。预测以 2015 年国内旅游人数及旅游综合收入为基准，以 2011—2015 年的国内旅游人数及旅游综合收入平均增长率发展趋势分别制定不同阶段旅游人次增长率，预测结果见表 1-11。

表 1-11　文山州 2016—2025 年国内旅游人次和旅游收入预测表

最小最大预测			总体市场			
			游客平均增长率	游客量预测（万人次）	旅游收入平均增长率	年收入预测（亿元）
2015 年（基准）			17.20%	1091.49	22.15%	93.82
乐观预测	近期 2016—2020	2020	45%	5430	65%	893
	中远期 2021—2025	2025	15%	10921	60%	2132
保守预测	近期 2016—2020	2020	40%	4513	19%	708
	中远期 2021—2025	2025	14%	8689	17%	1553

　　从图 1-7 中可以更加详细地看出，由于近期（2016—2020 年）是项目的前期建设发展阶段，对于旅游收入、旅游人数的促动效果显而易见，预测到 2020 年国内旅游人次乐观预测达到 5430 万人次，保守预测达到 4513 万人次；中远期（2021—2025 年）伴随着各项指标不断完善和持续投入使用，旅游业发展也进入持续增长阶段，但是随着经济的发展，生产总值基数明显增加，其增长速度一定程度上会有所下降，预测到 2025 年国内旅游人次乐观预测达到 10921 万人次，保守预测达到 8689 万人次。

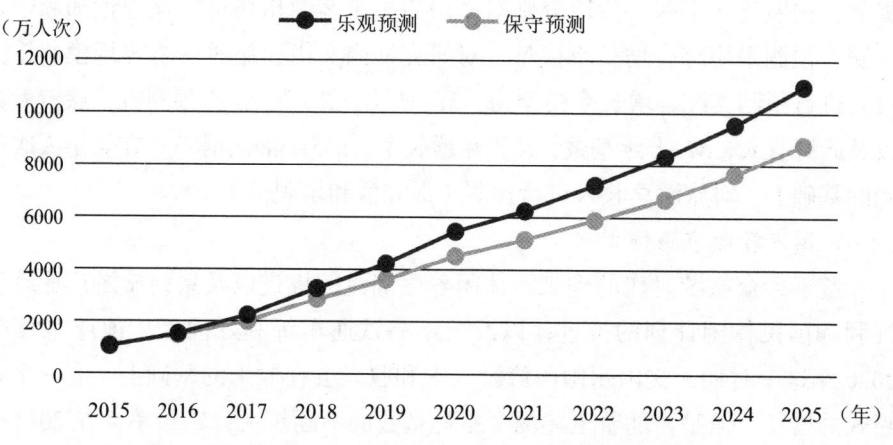

图 1-7　2016—2025 年文山州国内旅游人数预测

　　旅游收入的预测与旅游人数的预测可同步进行（详见图 1-8），近期（2016—2020 年）对于旅游收入的拉动作用也是显而易见，预测到 2020 年国内旅游收入乐观预测达到 893 亿元，保守预测达到 708 亿元；中远期（2021—2025 年），预测到 2025 年国内旅游收入乐观预测达到 2132 亿元，保守预测达到 1553 亿元。

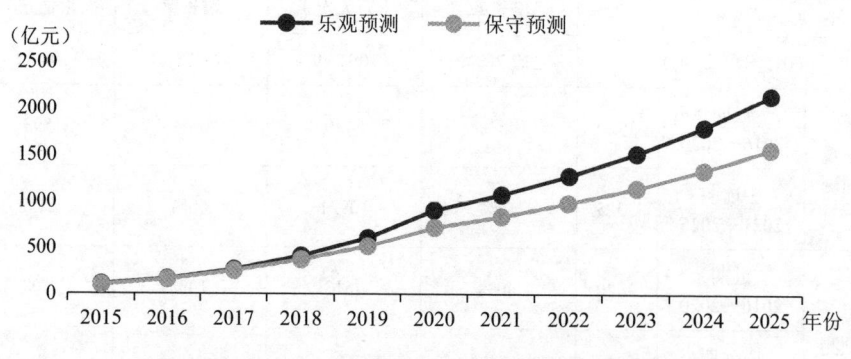

图 1-8　2016—2025 年文山州国内旅游收入预测

2.海外客源市场预测

预测以 2015 年文山州海外旅游人数及旅游综合收入为基准，以 2011—2015 年的海外旅游人数及旅游综合收入平均增长率发展趋势分别制定不同阶段旅游人次增长率，预测结果见表 1-12。

表 1-12　文山州 2016—2025 年海外旅游人次和旅游总收入预测表

最小最大预测			总体市场			
			游客平均增长率	游客量预测（万人次）	旅游收入平均增长率	年收入预测（万美元）
2015 年（基准）			29.37%	6.11	41.77%	4553.39
乐观预测	近期 2016—2020	2020	20%	15	30%	16906
	中远期 2021—2025	2025	25%	46	25%	51594
保守预测	近期 2016—2020	2020	15%	12	25%	13896
	中远期 2021—2025	2025	20%	31	20%	34577

由于目前文山州旅游形象不够突出，旅游业发展还处于拓展、开发期，所以目前旅游者以国内旅游者为主，海外旅游者所占比例偏小，但是通过规划实施和开发建设，必定会带来文山州旅游业翻天覆地的变化，再加上文山州优越的地理区位条件，海外旅游者在原有的小基数的基础上，会有一个井喷式的发展，所以从图 1-9 中可以更加详细地看出，近期（2016—2020 年），预测到 2020 年海外旅游人次乐观预测达到 15 万人次，保守预测达到 12 万人次；中远期（2021—2025 年），旅游业发展开始进入成熟阶段，预测到 2025 年国内旅游人次乐观预测达到 46 万人次，保守预测达到 31 万人次。

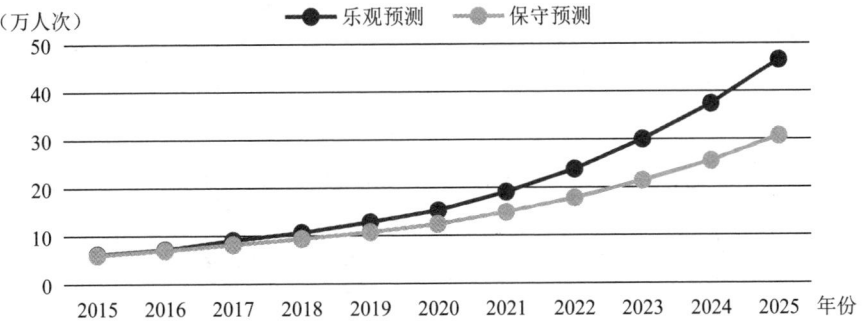

图 1-9　2016—2025 年文山州海外旅游人数预测

　　从全国的整体情况来看，海外旅游者一般的旅游消费相对于国内旅游者来说偏高一些，据文山州多年的统计也可以看出，海外旅游者人均消费高于国内旅游者，根据实际情况对文山州海外旅游收入的预测（见图 1-10），近期（2016—2020 年），预测到 2020 年海外旅游收入乐观预测达到 16906 万美元，保守预测达到 13896 万美元；中远期（2021—2025 年），预测到 2025 年国内旅游收入乐观预测达到 51594 万美元，保守预测达到 34577 万美元。

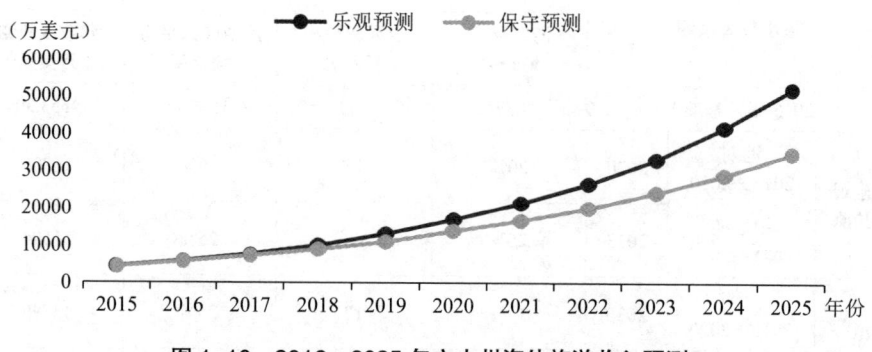

图 1-10　2016—2025 年文山州海外旅游收入预测

3. 总体客源市场预测

　　预测在国内旅游人数、旅游收入以及海外旅游人数、旅游收入的基础上，还要考虑边境一日游游客的增长量和总量，再以 2015 年文山州总体旅游人数及旅游综合收入为基准，以 2011—2015 年的总体旅游人数及旅游综合收入平均增长率发展趋势分别制定不同阶段旅游人次增长率，预测结果见表 1-13。

表 1-13　文山州 2016—2025 年旅游人次和旅游总收入预测表

最小最大预测			总体市场			
			游客平均增长率	游客量预测（万人次）	旅游收入平均增长率	年收入预测（亿元）
2015 年（基准）			17.73%	1139.11	22.63%	96.61
乐观预测	近期2016—2020 年	2020	45%	5471	65%	918
	中远期2021—2025 年	2025	16%	11491	19%	2191
保守预测	近期2016—2020 年	2020	40%	4541	60%	781
	中远期2021—2025 年	2025	15%	9134	18%	1786

近期（2016—2020 年），预测到 2020 年文山州旅游人次乐观预测达到 5471 万人次，保守预测达到 4541 万人次；中远期（2021—2025 年），预测到 2025 年文山州旅游人次乐观预测达到 11491 万人次，保守预测达到 9134 万人次（见图 1-11）。

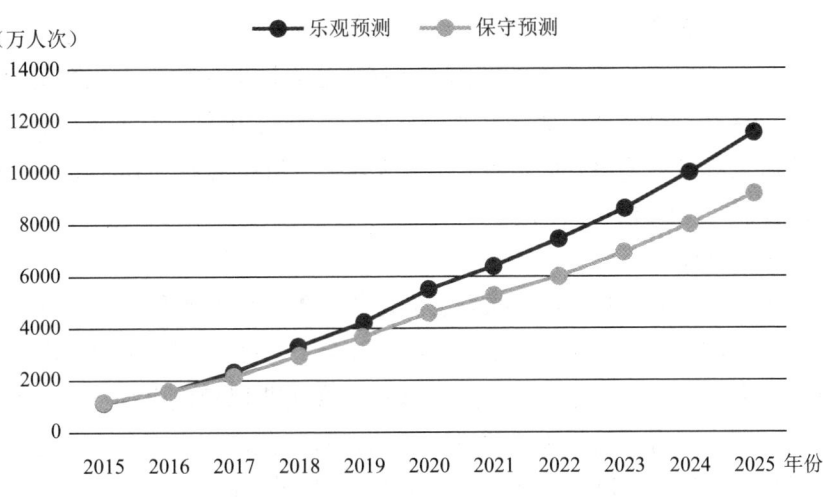

图 1-11　2016—2025 年文山州旅游人数预测

近期（2016—2020 年），预测到 2020 年文山州旅游收入乐观预测达到 918 亿元，保守预测达到 781 亿元；中远期（2021—2025 年），预测到 2025 年文山州旅游收入乐观预测达到 2191 万人次，保守预测达到 1786 亿元（见图 1-12）。

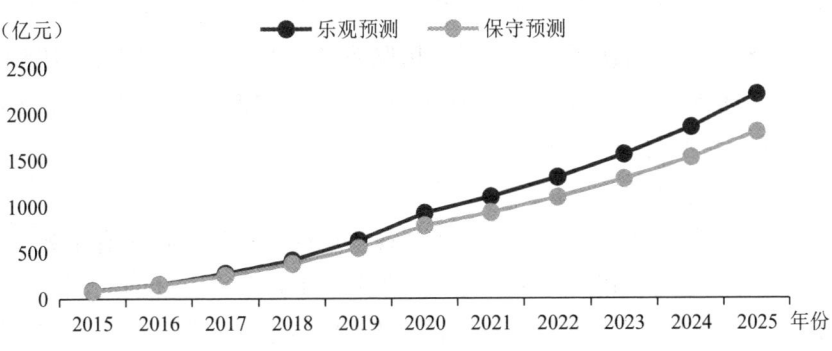

图 1-12　2016—2025 年文山州旅游收入预测

五、全局战略定位

（一）旅游发展 SWOT 分析

1. 旅游发展优势

（1）后发优势

一张白纸好写最新最美的图画。州域交通发展滞后使文山旅游资源基本保持原生状态，高品质资源未在观光旅游时代过度开发。更多高品质、大体量的旅游资源区"遗落凡间待人识"，这为文山州在未来 5~10 年进行旅游转型升级提供了宽阔的运作空间。

（2）产业优势

文山三七，早在明代就被医学家李时珍写进《本草纲目》，被誉为"金不换"；更有极富地方特色的辣椒、八角、八宝米、草果、阳荷、烤烟、油桐、茶叶等声名远播。在绿色经济强州建设中，文山州以建设生物资源开发基地为载体，着力培育和建设特色产业，全州优势特色产业迅速壮大，龙头企业快速成长。这为文山州旅游融合发展创造了广阔的空间。

（3）区位优势

历史上，文山州与贵州、广西交往密切，是云南的东大门，处在"承东接西、通江达海"的重要位置，素有"滇桂走廊"之称；同时文山州又处于中国—东盟自由贸易区和中越"两廊一圈""泛珠三角区域合作"的交叉点上，是云南省参与区域经济合作的桥梁和纽带的主要地区之一。2008 年广昆高速文山段建成通车，文山成为连接云南与泛珠三角最便捷的通道，2016 年通车的云桂高铁会再次提升滇桂两省区联系紧密度；富宁港作为"珠江上游第一港"，建成后就能通过右江连接东盟各国和我国黔桂的枢纽港口，云南人"通江达海"的梦想即将实现。

（4）气候优势

以温湿指数、风寒指数、着衣指数计算旅游气候舒适性综合指数，文山州得分与昆明市基本相同，在舒适期分布上文山处于 2—11 月之间，较舒适期为 1 月、12 月，没有不舒适期，属于典型的四季如春型气候，可与春城相媲美。由全国 PM2.5 污染地图分析，云南省周边的四川、重庆、广西、广东等省区空气质量前景堪忧，与空气清新的云南形成鲜明对比（见图 1-13 和图 1-14）。

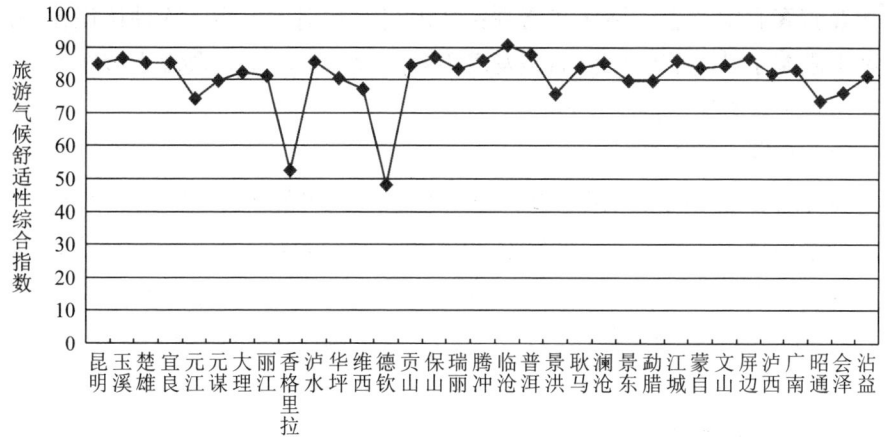

图 1-13　云南省各地年旅游气候舒适性综合指数

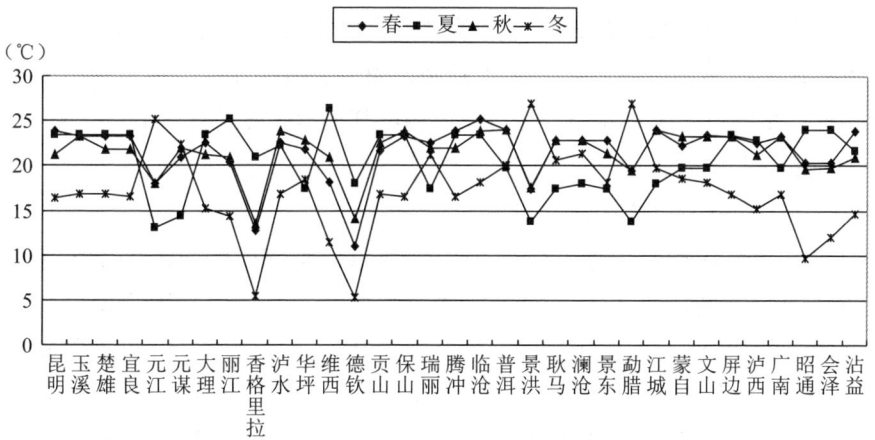

图 1-14　云南省各州市四季旅游气候

（5）人文优势

文山州处于云南与广西、中国与越南交接部，文化形态上具有边界区文化交汇融合特征，属于民族文化、边疆文化、跨国文化富集区。文山州的壮苗风情在云南独树一帜，坡芽歌书唱响全中国，红色文化、奉献精神、边关风情全国首屈一指。其他的尚有如文山崖画流光溢彩、阿峨版画魅力无限、名人大家南国翘楚等，文山州厚重的文化为旅游开发提供了坚实的根基。

2.旅游发展劣势

（1）游客刻板印象

从旅游宣传效果看，外地游客对文山州的认知多数局限于普者黑、坝美，从而在游客心中产生一种认知错觉：文山州除此别无长物。这种认识在一定程度上限制了其他旅游项目的开发潜力和速度，不利于大众观光游客的规模快速扩张、旅游形象扩展认知。

（2）州域交通不畅

高等级公路里程短。截至 2015 年年底，文山州公路通车里程 15814 千米，其中高速公路 303 千米，一级公路 59 千米，二级公路 501 千米，高等级公路里程仅占公路通车里程的 5.46%，州域内绝大部分公路属于四级公路，占总里程的 72.69%。在全民休闲时代，道路交通不畅达严重制约游客在景区内、景区间的扩散转移。

（3）战争影响深远

新中国成立以来，文山饱经战火洗礼。20 世纪先后经历了 50 年代援越抗法、60 年代援越抗美、70 年代末至 90 年代初对越自卫还击和防御作战，是全国经历战争时间最长的地区。战争导致文山交通、水利、农田等基础设施严重破坏，许多良田处于雷区无法耕种，为了支援前线，当地群众付出了重大牺牲。文山州的改革开放、经济发展相比其他地区晚了整整 14 年。

3. 旅游发展机遇

（1）大众旅游时代来临

2015 年，在整个国家经济发展面临多重困难和严峻挑战的情况下，以旅游业领跑的现代服务业表现出强劲的发展势头。根据原国家旅游局发布的数据，2015 年全年国内旅游人数突破 40 亿人次，人均超过 3 次 / 年；国内居民出境旅游达到 1.2 亿人次，亦即每 10 人中就有 1 人当年出境旅游一次。由此可以肯定地得出结论：一个全民参与的大众旅游时代已经到来。

（2）全域旅游战略确立

全域旅游发端于地方旅游规划探索，2009 年江苏《昆山市旅游发展总体规划修编》提出"全域旅游，全景昆山"；2015 年 8 月原国家旅游局下发了《关于开展国家全域旅游示范区创建工作的通知》，全域旅游从理念走向实践；2016 年 1 月原国家旅游局局长李金早在全国旅游工作会议上提出将全域旅游作为新时期国家旅游发展战略，发展全域旅游的核心是要从原来孤立的点向全社会、多领域、综合性的方向迈进，让旅游的理念融入经济社会发展全局。同年 3 月，李金早在《人民日报》发表文章，全面阐述全域旅游价值和途径。后来，"全域旅游"又写入国家政府工作报告，全国各地迸发出发展全域旅游的源源活力，纷纷将全域旅游示范区创建工作作为"一把手"

工程。

（3）云南旅游强省建设

2013 年，云南省下发《关于建设旅游强省的意见》。云南省旅游产业发展推进会议提出，实施全域旅游发展战略，促进旅游产业转型升级，推动云南省从旅游大省向旅游强省跨越。云南省委书记陈豪赴文山州调研时提出，"要瞄准国际化、高端化、特色化目标，坚持高起点规划、高标准建设、高水平管理，把文山打造成为云南旅游文化产业的新高地"，后又在《云南通讯》发表了题为"把文山打造成为云南旅游新亮点"的署名文章，专门就文山旅游文化产业发展进行了系统阐述和重要部署。云南省"旅游强省"建设加快以及省委领导的关心与厚爱为文山州旅游跨越式发展指明了方向，增强了动力。

（4）文山步入高速时代

2006 年文山普者黑机场通航，2008 年广昆高速公路通车，2016 年云桂高铁开通，文山州将具备航空、高速公路、高速铁路三类高速通行工具，云南省会昆明、珠三角各省、广西赴文山州的空间距离被大大压缩，外部旅游者进入文山州首先考虑的不再是距离问题而是时间问题，文山州由以往的外部交通闭塞区域转变为便捷区域，文山州累积十年之功步入高速时代，开启了文山旅游发展的"加速度"。这意味着未来一段时间内，文山州要把重心由原先的"旅速"转向"游缓"，由最初的"单兵作战"转向"协同配合"，由传统的"景区思维"转向"全域思维"。

4. 旅游发展挑战

（1）周边旅游竞争激烈

事实表明，旅游业不仅富民，也富财政，全国许多地区将旅游业作为战略性支柱产业进行打造。近年来，红河州以哈尼梯田成功申遗为契机，全力打造红河旅游品牌，全力提升旅游景区档次。2014 年，曲靖市提出将曲靖乡村旅游打造成为云南省旅游业的新名片。《昆玉红旅游文化产业经济带总体规划纲要》提出，把昆玉红旅游文化产业经济带打造成为云南旅游强省建设的重要引擎、旅游产业转型升级的引领地、中国旅游产业融合发展的示范地。2012 年，广西百色提出建设全国红色旅游目的地、国际山水生态旅游目的地、亚热带康体养生旅游目的地、国际文化体验旅游目的地。2014年，贵州安顺提出打造旅游产业升级版，建设世界知名、国内一流的旅游目的地和休闲度假胜地。周边州市旅游业快速发展已对文山形成强大的竞争压力（见表 1-14）。

表 1-14　文山州周边地区 4A 级以上旅游景区统计表

州市	4A 级旅游景区数量	5A 级旅游景区数量
玉溪	4	0
红河	7	0
曲靖	5	0
安顺	4	2
百色	12	0

（2）石漠化治理压力大

文山州是典型的岩溶地区，全州面积 31456 平方千米，其中山区、半山区占 97%。根据云南省岩溶地区石漠化综合治理规划（2006—2015 年）调查数据，文山州岩溶面积为 16799 平方千米，占国土面积的 53.4%；石漠化面积 10099.96 平方千米，占国土面积的 31.77%，占全州岩溶面积的 60.4%。通过多年石漠化生态治理，文山州摸索总结形成了"六子""四结合"的治理思路，但石漠化治理任务依然艰巨。脆弱的自然生态环境对旅游开发负效应形成挑战。

（3）省内旅游转型升级加速

近年来，旅游活动开始由过去单一的观光游览向休闲娱乐、健康养生等方向转变，旅游产业开始由经济功能向综合功能转变：一是走向生活化，旅游消费成为我国居民刚性消费，旅游产业成为一项"民生产业"；二是走向生产化，旅游产业具有生产性功能，旅游产业被确认为"动力产业"；三是走向生态化，回归自然是旅游的本原性追求，旅游产业的"绿色产业"功能不断凸显。从云南省层面看，传统观光型旅游地如昆明、大理、丽江、西双版纳已开始向休闲度假业态转变，而旅游发展相对滞后的文山州还处于观光旅游阶段，这为文山州旅游快速发展带来无形压力。

（4）黔桂旅游品牌屏蔽

从资源本底看，黔桂两省区同属中国西南石林洞乡旅游资源片区，其所拥有的岩溶地貌、民族风情对文山州形成强烈的屏蔽效应。从自然方面看，广西"桂林山水甲天下"，贵州"织金洞外无洞天"，文山州罕有与其匹敌者；从人文方面看，广西是全国唯一的壮族自治区，刘三姐的歌声传遍八桂大地；贵州是苗族的大本营，西江千户苗寨成为苗族文化大看台，文山州在规模上稍逊其色。近年来，在广西"天下风景，美在广西"、贵州"山地公园省·多彩贵州风"主题定位推动下，黔桂两省区旅游发展迅速，品牌塑造渐入佳境，对文山州自然观光、民俗体验类旅游产品带来了较强的遮蔽作用，文山州如何在强势品牌阴影区里走出自己的风格、特色成为新时代文山旅游最大的挑战。

（二）旅游发展模式

1. 旅游发展业态

旅游产业依托于旅游业态，旅游业态由旅游项目集群组成，培育五大特色旅游业态，同时也是文山州五大主题旅游线路。

（1）山水田园度假

依托：丘北县、广南县

特色：以山为魂，以水为脉，以田为景，以村为蕊，构建山水田园大地艺术——美丽乡村。

案例：桂林愚自乐园（大地山水、艺术创作、休闲度假）

（2）健康农庄养生

依托：文山市、砚山县

意境：以乡村田园为环境，以主题庄园为载体，以经济产业为支撑，以医疗旅游为主题，打造田园综合体——健康庄园集群。

（3）休闲运动营地

依托：西畴县、富宁县

特色：以休闲运动为特色，以训练、培训、展示、竞技、赛事为亮点，以水体运动、山地运动为重点，发展休闲运动——营地旅游。

案例：新西兰 TOP10 汽车营地（依托景区、设施齐备、特色运动、适合家庭）

（4）军事边关体验

依托：麻栗坡县

特色：以战争遗址遗迹为载体，以军人血性和军威为灵魂，以爱国主义教育为宗旨，以武器、装备、将领、英雄等为感召力。

案例：印巴边境瓦嘎赫（70 年不间断、鹅式高抬腿、壮国威军威、世界口岸秀）

（5）地矿彩宝探秘

依托：马关县

特色：以实景探宝（洞穴探宝、密林探宝、水下探宝、遗址探宝、旷野探宝等）为基础，以虚拟探宝为提升（室内探宝、景区探宝、游戏探宝等），展示文山州蕴藏的丰富矿产资源（祖母绿、石榴石、多彩方解石、橄榄石、透辉石、黑色电气石等）。

案例：墨尔本金矿遗址（金矿遗址建古城、新金山时光穿越、百年前淘金体验）

2. 旅游发展模式

根据全国旅游发展形势，结合云南省旅游态势，文山州旅游业发展可以采取全域旅游、旅游融合、高铁旅游、旅游扶贫、优质发展等旅游发展模式。

（1）全域旅游模式

全域旅游模式是指旅游各行业积极融入其中，各部门齐抓共管，地区居民共同参与，充分利用目的地全部的吸引物要素，为前来旅游的游客提供全过程全时空的体验产品，从而全面地满足游客的全方位体验需求。概括来说全域旅游有五个核心要素：其一，全资源整合，即旅游资源全域化，把一切能够吸引旅游者的要素泛化为旅游资源，成为旅游目的地广义上的旅游资源，包括人文资源、自然资源和人造资源。其二，全方位供给，即旅游供给全域化，将旅游供给由"六要素"转化为直接旅游供给、间接旅游供给、衍生旅游供给三个子系统，每个子系统又包括具体的细分项目。其三，全角色交融，即旅游角色全域化，旅游者把自己看成旅居生活中的居民，当地居民则需要把自己看成景区生活中"本真展示"，自己是景区的主人。其四，全过程体验，即旅游过程全域化，从旅游者产生外出想法到最后回到常住地通盘考虑体验氛围设计。其五，全行业凸显，即旅游行业全域化，突出旅游业的引领性与包容性，找准旅游与其他行业的利益融汇点，在其他行业契入旅游，提升其他产业附加值，扩大旅游作用场域。

（2）旅游融合模式

旅游融合模式指旅游业与其他产业、事业、部门等既存在着"旅游+"的发展路径，也存在着"+旅游"的发展路径。在以旅游业为主导产业的地区"旅游+"更为常见，在以旅游业为辅助产业的地区"+旅游"则更加普遍。就文山州而言，旅游发展不均衡，需要旅游业与其他方面进行融合，既需要"旅游+"，也需要"+旅游"。在旅游景区、旅游小镇等地方，以"旅游+"促进景区、小镇等旅游产品的文化内涵、科技含量及生态含量，提高基础设施建设水平；在葡萄农庄、旅游交通等方面，以"+旅游"丰富旅游业态，营造全域旅游氛围。

（3）高铁旅游模式

高铁旅游是指以高速铁路为主要出行方式带动客源扩散的旅游模式。与其他旅游类型相比，高铁旅游主要从旅游者、旅游产品、旅游营销、区域合作形成特色。高铁旅游者一般为中高端游客，更强调旅游消费的品质和个性；旅游产品强调主题特色，符合当下舒适、便捷、休闲风尚；旅游营销充分利用新型媒体，能够形成社会舆论热点；从区域合作角度看，高铁旅游是共赢旅游，区域旅游竞争不是零和博弈，是"一带一路"式的利益共同体，彼此加强合作，突出地方特色，共同为高铁游客营建整体性产品。因此高铁旅游模式应重视高铁站点建设，将其打造成旅游信息中心、旅游服务中心、旅游交通中心、旅游展示中心等。

（4）旅游扶贫模式

旅游扶贫模式是指通过开发贫困地区丰富的旅游资源，兴办旅游经济实体，使旅游业形成区域支柱产业，实现贫困地区居民和地方财政双脱贫致富。近年来，我国高度重视旅游扶贫工作，在做好定点扶贫、集中连片特困地区扶贫和重点地区旅游扶贫的同时，通过资金支持、规划编制、示范引导、教育培训、宣传推广等手段支持贫困地区发展旅游业，充分发挥了旅游业在扶贫开发中的重要作用。2014 年，国家把乡村旅游扶贫工作列为重点工作，启动实施乡村旅游富民工程。重点任务包括：加强基础设施建设，改善重点村旅游接待条件；大力发展乡村旅游，提高规范管理水平；发挥精品景区辐射作用，带动重点村脱贫致富；加强重点村旅游宣传推广，提高旅游市场竞争力；加强人才培训，为重点村旅游发展提供智力支持。

（5）优质旅游模式

优质发展旅游模式是指能够很好满足人民日益增长的旅游美好生活需要的旅游，是充分体现"创新、协调、绿色、开放、共享"新发展理念的旅游，是推动旅游业发展方式转变、产品结构优化、增长动力转换的旅游发展模式。推动文山旅游从高速旅游增长向优质旅游发展转变，必须坚决落实新发展理念，坚持以人民为中心和旅游为民的宗旨意识，大力发展全域旅游，不断满足新时代人民的旅游美好生活需要，不断增强人民在旅游中的获得感、幸福感。要以"硬件标准化、服务温馨化、产品多样化、安全稳健化"为导向，实施"优质旅游"品牌战略，大力培育符合市场需求、有影响力的旅游品牌，擦亮 5A、4A 级景区金字招牌，提升国家级旅游度假区品牌，塑造中国旅游休闲健康示范区品牌，优化星级饭店、精品旅游饭店、文化主题旅游饭店、旅游民宿品牌等。

3. 旅游发展聚焦

旅游业发展需要集中人力、物力、财力等资源，找准发展着力点、关键点、核心点，由此形成引爆效应、轰动效果、传播热点，因此聚焦关注点是有效的发展途径。

（1）引爆文山旅游"一核"

文山州旅游发展极核，即特大型旅游景区。普者黑为文山州级别最高和知名度最高的特大型旅游区，旅游客源数量占占据文山全州的1/4，高铁开通后也是文山州游客增长速度最快的旅游区，是文山州旅游业发展的"极核"。按照云南省委、省政府的要求，瞄准国际化、高端化、特色化目标，坚持高起点规划、高标准建设、高水平管理，按照5A级旅游区、国家级旅游度假区、云南省一级旅游目的地的标准，把普者黑打造成国际著名的旅游目的地和云南旅游文化产业转型升级的示范区，发挥原子核裂变的"极核"作用。

（2）打造文山旅游"四梁"

文山州旅游发展精品，即大型旅游景区。以大型旅游区为载体，突出文山州区域优势、优化文山州资源配置、凸显文山州旅游特色，打造文山州在全国具有较强影响力的四大旅游精品，即坝美世外桃源旅游区、博爱康体运动旅游区、老山军事边关旅游区、祖母绿彩宝探秘旅游区。四个大型旅游景区按照5A级旅游区进行培育，架起文山旅游发展大厦的"横梁"，提升文山州旅游发展的吸引力与影响力。

（3）撑起文山旅游"八柱"

文山州旅游发展基础支撑。在普者黑"极核"带动下，引发文山州八县市发生链式反应，形成文山州八个主题旅游区域。丘北县主打休闲度假旅游，广南县主打桃源隐居旅游，富宁县主打健康运动旅游，砚山县主打庄园集群旅游，文山市主打养生健康旅游，西畴县主打生态芳香旅游，麻栗坡主打军事体验旅游，马关县主打彩宝探秘旅游。八个县市分别打造龙头性旅游项目以带动县域旅游业发展。

（4）布局文山旅游"百景"

文山州旅游发展的全域布局。通过"一核""四梁""八柱"的建设打造，辐射全州上百个旅游区，形态包括名胜风景区、文化体验区、旅游景区、湿地公园、森林公园、农业庄园、田园综合体、旅游露营地、休闲游乐园等，即文山州八县市的"百景"体系。形成文山州是一个大景区、一个目的地、一个共享地、一个幸福地的全域旅游大格局。

（5）创新文山旅游"业态"

以传统旅游业态为基础，以新兴旅游业态为重点，以未来旅游业态为方向，重点培育七大独具特色的旅游业态。

A. 山水安养旅游。2000多年前，孔子说过：智者乐水，仁者乐山。从人的本性来说，亲水乐水是人之天性。在分布上，水是自然界分布最广、最活跃的因素之一，是地球表面分布最广的物质；在种类上，水体资源是地球上以三种聚合态共存于自然界的唯一物质，如液态的海洋水、河流水、湖泊水、水库水、地下水、泉水、瀑布；固态的冰川水、积雪；气态的云雾等。在水体满足游客多种旅游需求和旅游动机方面，水体能满足审美功能，开展观赏旅游；能满足实用功能，具有疗养功能，可开展休闲健体旅游；具有品茗功能，可开展茶文化旅游；具有娱乐功能，可开展水上游乐旅游；具有文化内涵，可以开展水上文化旅游。

就当前的资源基础而言，水体与旅游业的融合发展主要包括五种路径：旅游与水电融合、旅游与水运融合、旅游与水游融合、旅游与水生融合、旅游与水岸融合。水电旅游如三峡水电站将现代工程、自然风光和人文景观巧妙结合，使之成为国内外著名的水电旅游胜地；水运旅游如环地中海邮轮游，航点涉及众多国家，组合了多地文明精华，延长了旅游与水运产业链，涉及众多相关产业；水游方面可利用泉水、库区和湿地等水体资源，以疗养、利用、观赏结合为重点，发展泉水和库区旅游产业如温泉酒店的开发，以开放保护为主，在加快湿地公园建设步伐，发展湿地观光旅游业；水生方面可以进行水生动植物观光科考，在以体验为主的旅游方式中，可让游客参与到原料的采摘、打捞以及加工制造的过程中去；水岸方面如法国蓝色海岸开发旅游地产，豪华酒店、游艇业等高端产业，推出节庆旅游产品，打造度假旅游者的天堂。

文山州可基于全州数千个天然岩溶湖泊的资源基础，在亲水旅游方面进行积极的探索与推广：如发挥普者黑山水度假功能；利用垂钓比赛举办经验，在富宁开展全国性垂钓比赛；利用马关一把伞暗河水库，开展农业灌溉、农村饮水、备用水源、生态修复、调节发电、旅游开发等。

B. 医疗养生旅游。以中医药物质为载体，以传统的中医药文化为灵魂，集医药、旅游两产业于一体，集社会、经济、环境价值于一身，是旅游业的扩展和中医药产业的延伸。中医药旅游在我国主要形式有以下几种。一是参观游览，参观中草药种植基地、中医药博物馆、知名中药店、中药厂和中医院；慕名到著名的中医院、药店、老中医处观摩中医诊治等。二是保健，参加中医保健知识讲座，学习各种健身功操；品尝药膳、药饮、药酒；按摩、中医浴足、美容、减肥等。三是购物，购买地方药材、常用中药饮片、特制药方和中成药等。四是会展，主要是中医药会展。文山州可开展的中药旅游形式有：三七、石斛等生产基地、制药厂、中药厂参观学习；售卖中药饮品、饮片、原药等；筹办中药康体保健活动。

C.庄园庭院旅游。以农业庄园为载体，利用田园景观、自然生态及环境资源，结合农业生产、经营以及农村文化所进行的旅游活动；庄园经济从生产产品、营销服务、休闲观光等不同环节介入农业，对传统农业进行改造，以新的农业资源、旅游产品吸引游客，推动了乡村旅游的提档升级。

根据农业庄园的主题不同，可将其分为以下几种。一是休闲农庄，以鲜明的现代农业特色来展现和规划区域的风貌，并使之与周边旅游风景资源有着明显的差异性，利用原有的人文、自然资源创造出独特的景观形象和游赏魅力。二是生态农庄，以生态保护为宗旨，在不损伤环境的前提下，进行农事体验、休闲度假等活动的城郊农家庄园。三是养生农庄，集养生、度假、娱乐、体验、休闲为一体的度假区域。

文山州可供开发的庄园有：三七养生庄园、城郊生态农庄、设施农业庄园等。在更为微观领域，文山州可借鉴大理双廊、丽江束河、腾冲和顺等地旅游经营模式，形成以一家一户为单元的旅游经济体，一户即为一个建筑作品，一家即为一个特色民居；一户即为一个餐饮基地，一家即为一个经营单元，形成一院一特色，一院一精品，一院一绝活，一院一故事，一院一传说的庭院旅游新业态，将旅游业向庭院经济、精品旅游、深度体验的方向发展。

具体到文山州，可充分利用遍布全州的天然小洼塘、农家小院、田野风光开展主题特色各异的庭院旅游精品。可考虑的庭院旅游主题有：果园采摘、绿色蔬菜、花卉物语、特种养殖、休闲渔家、药草养生、乡村记忆、忆苦思甜、山水人家等。

D.军事体验旅游。因军事有关的吸引物而开展的旅游活动。它把人们平时很难了解的军事生活和某些军事设施以及军事文化与旅游结合起来，满足广大旅游者了解军事、关注军事的好奇心理，利用现有的军营和军事设施以及部分边缘军事领域开展旅游。

军事旅游主要分为三类：一是以参观古代和近现代战场、战争遗迹、军事遗迹和著名军事历史人物故居或纪念建筑等为主的军事旅游；二是以观赏武器装备、军事博物馆、军事主题公园等为主的军事旅游;三是官方或非官方组织的军事旅游活动。而在我国,军事旅游还应包含红色旅游中观赏军事将领故居、战场和战争遗迹、重走长征路等内容。

在文山州可开展的军事旅游活动有参观战争遗迹、军事主题娱乐。具体活动有麻栗坡的老山、扣林山和烈士陵园,马关罗家坪大山和烈士陵园参观凭吊、心灵洗礼;麻栗坡老山神炮军事主题公园娱乐;麻栗坡、富宁、马关国土教育;麻栗坡英雄老山主题军事旅游。

E. 彩宝探秘旅游。探宝是每一个人埋在心底最原始的求知欲望、冒险天性、童年幻想。探宝不同于淘宝,需要付出汗水、智慧、勇气,探宝旅游所收获的不仅仅是意外的宝物,更多的是心灵的成长和阅历的丰富。

从性质来分,探宝旅游分为实景探宝与模拟探宝。实景探宝按其环境可分为洞穴探宝、密林探宝、水下探宝、遗址探宝、旷野探宝,模拟探宝按其活动可分为室内探宝、景区探宝、游戏探宝。

在文山州可开展的探宝旅游活动有旷野探宝、密林探宝、洞穴探宝和景区探宝。具体活动有麻栗坡、马关、文山彩色宝石探宝旅游,如祖母绿、石榴石、多彩方解石、橄榄石、透辉石、黑色电气石等;麻栗坡、西畴、马关密林探宝,如野生三七、兰花、石斛等;丘北、广南、文山景区探宝,如普者黑、坝美、西华公园等。

F. 户外营地旅游。户外营地旅游是依托旅游营地所组织的旅游形式。而营地则是指在旅游交通干线和风景优美之地或者在旅游景区附近开设的,有一定场地和设施条件,可以为露营爱好者提供自助或半自助服务的,具有特定主题复合功能的旅游场所。

根据旅游者所依赖的交通工具不同,可将营地旅游分为:自行车营地、自驾车营地、房车营地。

文山州部分区域具备开展营地旅游的条件:如普者黑自驾车营地、麻栗坡云岭自驾车营地、坝美世外桃源房车营地等。

G. 四季芳香旅游。芳香旅游是指以芳香旅游资源为依托,以休闲养生为主要目的,以特定的文化景观和服务项目为内容,离开定居地而到异地逗留一定时期的游览、娱乐、观光和休闲的一种旅游形式。芳香旅游主要分为三类:一是在芳香植物生产的基础上开展的观赏、科普、摄影、写生等活动为主的观光旅游活动;二是在芳香植物加工的基础上所进行的食用、药用目的的康体保健旅游活动;三是在芳香植物综合利用的基础上所生产出来的旅游购物品,如精油、伴手礼、保健品等。

目前在文山州可以香树、香花、香草为依托，形成集种植、观赏、采摘、加工、运输为一体的芳香旅游产业链，打造"芳香度假、芳香养生、芳香游览、芳香农业"的旅游产品体系，主要进行的芳香旅游活动有西畴县香坪山植物花卉观光、麻栗坡下金厂植物评鉴、购物以及文山辖区内进行的香熏、沐浴、理疗等活动。

（三）旅游发展战略

1.总体定位

（1）主题定位

山水田园健康生活旅游目的地

解读1：山水田园：资源本底（山水——自然风光，田园——人文风情）。

依据：山水田园是全球永恒的主体，法国的普罗旺斯、北加州的萨克拉门托、中国南方的江南水乡；国家的开发重点已转向乡村，在城市发展已饱和基础上农村成为中国建设主要领域，近年涌现出乡村旅游、田园综合体、农业庄园、科技农业园、创意农业等；该主题契合文山州的地理环境、人文风情，具有主题特色与游客感知的一致性。

解读2：健康生活：发展业态（文山州优势，云南省诉求）

依据：大健康产业是全球继机器工业、电子工业、计算机、互联网之后的新兴产业，只有十余年历史，具有空前的发展潜力；大健康产业关注人群的生命质量，涉及人们的日常生活，与旅游产业具有先天的融合基础；文山州以三七为代表的中医药资源丰富，壮族苗族民族民间医药富有传统，以大健康产业作为其经济发展动能是明智的选择；云南省最新战略目标定位为"打造世界一流的绿色能源、绿色食品、健康生活目的地"，文山州旅游产业与大健康产业高度融合，是云南省战略目标最先落地的州市。

（2）主题口号

千峰万岭梦文山

解读：天——变幻的轻纱云雾景观，地——连片的峰丛峰岭地貌，人——柔情似水的壮苗风情。

（3）形象识别

全球视角——世界喀斯特旅游地（斯洛文尼亚地下喀斯特、越南下龙湾海上喀斯特、中国西南地区地上喀斯特）；

全国视角——中国喀斯特山水风光旅游地（桂林江峰喀斯特、文山湖峰喀斯特、贵州林峰喀斯特、重庆天坑喀斯特）；

省内视角——滇东南田园风光旅游地（红河州梯田、文山州湖田、曲靖市花田）。

2. 宣传口号

文山州旅游宣传推广还可以考虑以下口号：

主导口号：精彩文山，聚宝绿洲

（1）"精彩文山"解读

精彩文山有两层含义：一是文山具有天赋旅游休闲资源，适宜的气候条件，如画的自然山水，多彩的人文风情，丰饶的物产资源，悠久的历史文化，使每一个到文山的旅游者都可以感受文山的精彩；二是自恢复建设以来，在文山人不断攻坚克难、励精图治下，借助文山不断优化的区位优势，在新一轮云南旅游开发中，文山旅游即将绽放亮丽风采。

（2）"聚宝绿洲"解读

聚宝绿洲意味着文山是藏宝之地、健康之洲。文山不仅是北回归线沙漠带上的绿洲，更是云南宝石资源富集区，从初步调查看，全州8个县市7个出产彩宝，是下一步云南宝石资源开发的处女地，可将彩宝资源打造成文山特色品牌；文山更是中国三七的发源地、主产地，以三七产业为依托，在国家打造健康中国2030远期规划中，文山极有可能成为健康服务业、中医药健康旅游的理想目的地。

辅助口号：世界三七之乡，中国彩宝之都

（1）"世界三七之乡"解读

《本草纲目》称三七为"金不换"，《本草纲目拾遗》又称"人参补气第一、三七补血第一"，三七素有"南国神草""参中之王"等美誉；研究表明，三七含数十种皂苷等活性物质，对防治心脑血管疾病有显著作用，自古以来其活血化瘀、消肿定痛的功效为世人所公认；由于特殊的光、热、水、土、气等条件，使文山成为三七当之无愧的主产地、发源地，文山也被国家命名为"三七之乡"，世界三七在中国，中国三七在文山；在新的历史时期，三七以其药食同源性，在国家健康服务业、中医药健康旅游发展中具备更加广阔的发展空间。

（2）"中国彩宝之都"解读

彩色宝石简称彩宝，是对宝石家族中所有有颜色宝石的统称；彩宝通常具有玻璃般光泽，由于人类喜爱色彩的天性，彩宝正在国际范围内日趋流行；文山州是云南宝玉石资源成矿最富集的地区，世界五大宝石，除钻石外，红宝石、蓝宝石、祖母绿、金绿宝石均有发现，而且全州8个县市就有7个出产彩宝；产自麻栗坡的"中国祖母绿"被列为文山州文化产业五张文化名片之一，以"中国祖母绿"为核心的文山彩宝品牌将成为云南省知名的珠宝品牌，打造中国彩宝之都，文山正当其时。

3.发展战略

（1）极核式裂变战略

从发展历程看，"以点带面"是云南旅游取得成功的宝贵经验。以罗平带动曲靖、以腾冲带动滇西、以大理带动滇西北等，都取得了旅游发展的辉煌业绩。文山州以普者黑为"极核"，借助交通升级、媒体宣传、影视演绎等，已迅速成为云南未来旅游的"新生代""新亮点"。在新一轮云南旅游版图上，文山州旅游具备核裂变的发展潜力，最近几年文山州普者黑异峰突起、省委高位推动、投资蜂拥而入、立体交通升级、存量资源富集、旅游融合密集。因此按照"极核裂变，链式反应"的开发思路，构筑文山旅游发展新格局，推动文山州旅游裂变式大发展。

（2）跨越式发展战略

旅游业完全可以超越于当地经济发展水平（如丽江）、周边地区旅游发展水平（如腾冲）。文山州旅游业跨越式发展包括：发展速度跨越，即旅游业增长速度高于国民经济增长速度；业态创新跨越，即旅游项目与产品与国内外发展水平同步；游客规模跨越，即旅游业接待人次超周边州市同期接待人次；人气指数跨越，即旅游品牌影响力和传播力达到空前。

（3）全社会驱动战略

旅游业发展通常有四个主要驱动力：资源驱动、产品驱动、品牌驱动、市场驱动。在旅游业发展初级阶段，一般靠资源驱动和产品驱动；在旅游业发展中级阶段，一般靠品牌驱动和市场驱动；在全域旅游时代，则需要全社会的驱动。全社会驱动是综合利用资源驱动、产品驱动、品牌驱动、市场驱动，并且进一步发挥各部门、各产业、各阶层的力量，在旅游产品的供给、旅游环境的营造、旅游设施的建设、旅游市场的管理、旅游营销的开展等方面共同推动旅游业的发展。

（4）多方面融合战略

旅游业与其他产业、事业、部门等既存在"旅游+"，也存在"+旅游"。在以旅游业为主导产业的地区"旅游+"更常见，在以旅游业为辅助产业的地区"+旅游"则更加普遍。就文山州而言，旅游发展不均衡，需要旅游业与其他方面进行融合，既需要"旅游+"，也需要"+旅游"。在景区、旅游小镇等地方，以"旅游+"促进景区、小镇等旅游产品的文化内涵、科技含量和生态含量提升，提高基础设施建设水平；在生态农庄、旅游交通等方面，以"＋旅游"丰富旅游业态，营造全域旅游氛围。

（5）分梯度推进战略

作为综合性产业的旅游业，需要分层次、分阶段推进建设。分层次推进，一个大型项目优先，四个大型项目依次，八个主题旅游区项目跟进；依阶段实施，先期西部区域，中期中部区域，后期南部区域；据辐射跟进，依据交通干线（两大高速）、知名品牌（普者黑、坝美、老山）、中心城市（文山市）等，分步推进。

（四）旅游发展目标

1. 总体目标

山水田园健康生活旅游目的地

2. 阶段目标

近期（2016—2020 年）：云南省健康生活旅游先行区（云南省的诉求）：中医中药健康旅游试验区、云南康体养生旅游增长极、旅游业与大健康融合示范区、"旅游＋"特色产业支撑的旅游目的地；

远期（2021—2025 年）：国家级旅游扶贫样板试验区（国家发展诉求）：战后经济恢复重建扶贫、石漠化生态修复治理扶贫、边疆少数民族精准扶贫、旅游产业转型升级新高地。

3. 发展指标

（1）旅游经济指标

近期，旅游人次 5000 万人次，旅游总收入 850 亿元；1 个 5A 级旅游景区，3 个 4A 级旅游景区，4 个 3A 级旅游景区，5 个旅游小镇；远期，旅游人次 10500 万人次，旅游总收入 1850 亿元，4 个建成 5A 级旅游景区，8 个 4A 级旅游景区，20 个 3A 级旅游景区，20 个旅游小镇。

（2）旅游社会指标

近期，吸收就业 20 万人，旅游业总收入占 GDP 的 20%，10 个乡村旅游示范村，人均年收入达到 9000 元，3 个县成为云南省旅游经济强县；远期，吸收就业 30 万人，旅游业总收入占文山州 GDP 的 25%，带动 25 个乡村旅游示范村，人均年收入达到 12000 元，带动 3 个县成为中国 100 个旅游经济强县。

（3）旅游文化指标

近期，打造 2 个文化传习馆，建设 10 个民族文化特色村，国家级文物保护单位达到 3 处；远期，打造 5 个文化传习馆，建设 20 个民族文化特色村，国家级文物保护单位达到 5 处。

（4）旅游生态指标

近期，8 县市空气环境质量均优于国家二级标准，各县市城镇集中式饮用水水源水质均达地表水 Ⅱ 类标准，森林覆盖率达到 55%；远期。8 县市空气环境质量达到国家一级标准，各县市城镇集中式饮用水水源水质原则上达地表水 Ⅰ 类标准，森林覆盖率达到 58%。

六、全境空间布局

（一）旅游空间布局

1. 游空间结构

文山州旅游发展需要建立三个层次的空间结构系统（见表 1-15）。

一级层次：旅游片区。属旅游空间拓展区。以旅游的走廊空间联系为坐标，划分为西部、东部、南部三大旅游片区。

二级层次：旅游区。属主题定位旅游区。将文山州全域划分为文山都市休闲旅游区、砚山庄园养生旅游区、丘北山水度假旅游区、西畴芳香颐养旅游区、麻栗坡军魂体悟旅游区、马关彩宝探秘旅游区、广南文化体验旅游区、富宁康体运动旅游区八大旅游区。

三级层次：旅游景区。属旅游要素集聚区。共划分为 27 个景区，即文山市 3 个景区（老君山景区、盘龙景区、平坝景区）；砚山县 3 个景区（阿舍景区、维摩景区、江那景区）；丘北县 3 个景区（普者黑景区、舍得景区、新店景区）；西畴县 3 个景区（香坪山景区、兴街景区、西洒景区）；麻栗坡县 3 个景区（城寨景区、云岭景区、老山景区）；马关县 3 个景区（古林箐景区、木厂景区、都龙景区）；广南县 6 个景区（坝美景区、莲城景区、八宝景区、旧莫景区、者兔景区、汤纳景区）；富宁县 3 个景区（剥隘景区、田蓬景区、归朝景区）。

表 1-15 文山州旅游空间结构系统

片区	旅游区	旅游景区
西部山水休养片区	文山都市休闲旅游区	老君山景区、盘龙景区、平坝景区
	砚山庄园养生旅游区	阿舍景区、维摩景区、江那景区
	丘北山水度假旅游区	普者黑景区、舍得景区、新店景区

续表

片区	旅游区	旅游景区
东部民俗体验片区	广南文化体验旅游区	坝美景区、莲城景区、八宝景区、旧莫景区、者兔景区、汤纳景区
	富宁康体运动旅游区	剥隘景区、田蓬景区、归朝景区
南部边关彩宝片区	西畴芳香颐养旅游区	香坪山景区、兴街景区、西洒景区
	麻栗坡军魂体悟旅游区	城寨景区、云岭景区、老山景区
	马关彩宝探秘旅游区	古林箐景区、木厂景区、都龙景区

2. 旅游总体布局

确立文山州"一核、两带、三片、八区"的空间布局，形成东向延伸与南向延伸的扇形扩散模式，这既是旅游客源的扩散方向，也是旅游交通的布局格局，还是旅游开发的梯度顺序，为旅游业发展构建坚实的空间骨架。

一核：普者黑旅游发展核。普者黑为文山州景区级别与知名度最高的旅游景区，客源规模占文山州的1/4，也是游客增长速度最快的旅游区。确立普者黑在文山州旅游发展的核心地位，以打造国际著名旅游度假地、云南旅游文化产业转型升级示范区为目标，以创建国家5A旅游景区、国家级旅游度假区、云南省一级旅游目的地为抓手，全面提升普者黑旅游接待设施水平，塑造宜居、宜游的度假环境，为文山州旅游发生链式反应准备实力、蓄积力量。

两带：两条旅游辐射带。即东西向高速铁路旅游带（丘—广—富，广义为三横，即高速铁路、高速公路、边境公路），南北向高速公路旅游带（丘—砚—文—麻，广义为三横，即东部、中部、南部的南北向高速公路）。东西向高速铁路旅游带连接云南与广西两大旅游省区，吸引来自滇中与桂西的旅游客源；南北向高速公路旅游带连接云南与越南，形成中国西南与越南北部的跨境旅游线。

三片：三大旅游片区，即西部片区（丘北、砚山、文山）、东部片区（广南、富宁）、南部片区（西畴、麻栗坡、马关）。西部片区，定位为山水休养旅游片区，下辖3个县市、9个旅游景区；东部片区，定位为民俗体验旅游片区，下辖2个县、9个旅游景区；南部片区，定位为边关彩宝旅游片区，下辖3个县、9个旅游景区。

八区：八个主题旅游区。丘北（山水度假旅游区）、砚山（庄园养生旅游区）、文山（都市休闲旅游区）、广南（文化体验旅游区）、富宁（康体运动旅游区）、西畴（芳香颐养旅游区）、麻栗坡（军魂体悟旅游区）、马关（彩

宝探秘旅游区）

3. 旅游功能分区

根据文山州旅游总体定位、发展战略、开发思路，结合各县市旅游资源特点，规划打造文山都市休闲旅游区、砚山庄园养生旅游区、丘北山水度假旅游区、广南文化体验旅游区、富宁康体运动旅游区、西畴芳香颐养旅游区、麻栗坡军魂体悟旅游区、马关彩宝探秘旅游区八大主题旅游区。

（1）文山都市休闲旅游区：以山体、河流、城市、乡村等资源为依托，突出"老君山、盘龙河"——"悠"的资源特征，主题定位为都市休闲，主要以老君山自然公园、文山旅游休闲商务区、三七健康产业园等项目为支撑。

（2）砚山庄园养生旅游区：以农业、山水、中药等资源为依托，突出"南国草原、湖光山色"——"秀"的资源特征，主题定位为庄园养生，主要以砚山农业庄园集群区、六诏乡村公园、黑巴南国牧场等项目为支撑。

（3）丘北山水度假旅游区：以湖泊、湿地、山体等资源为依托，突出"空气清新、山清水秀"——"清"的资源特征，主题定位为山水度假，主要以普者黑国家旅游度假区、丘北休闲商务区、舍得高原草场等项目为支撑。

（4）广南文化体验旅游区：以历史文化、民族文化、宗教文化等资源为依托，突出"世外桃源、文化浓郁"——"源"的资源特征，主题定位为文化体验，主要以坝美世外桃源隐居谷、地母历史文化旅游区、八宝稻作文化旅游区等项目为支撑。

（5）富宁康体运动旅游区：以湖泊、湿地、乡村、山地等资源为依托，突出"坡芽歌书、驮娘江"——"秘"的资源特征，主题定位为康体运动，主要以剥隘体育运动公园、架街生态旅游区、坡芽民族音乐乡村等项目为支撑。

（6）西畴芳香颐养旅游区：以生态、民族、乡村等资源为依托，突出"鸟语虫鸣，木兰花香"——"香"的资源特征，主题定位为芳香旅游，主要以香坪山芳香旅游区、兴街岔河乡村旅游综合体、上果壮乡风情园等项目为支撑。

（7）麻栗坡军魂体悟旅游区：以军事、历史、民族、宝石等资源为依托，突出"军装绿、祖母绿"——"绿"的资源特征，主题定位为军事体验，主要以老山国家军事公园、麻栗坡边境旅游试验区、云岭中药养生谷等项目为支撑。

（8）马关彩宝探秘旅游区：以宝石、民族、生态、边关等资源为依托，突出"石榴宝石、红色旅游"——"红"的资源特征，主题定位为探宝旅游，主要以紫牙乌探宝乐园、古林箐立体农业观光园、阿娥农民艺术创意园等项目为支撑。

（二）市县旅游布局

1. 西部山水休养片区

（1）文山市旅游布局

规划文山市旅游发展布局为"一心、两带、三片"的空间结构。

一心：文山市城区作为全州市重要的接待中心、集散中心、服务中心；

两带：老君山景观游憩带、盘龙河景观游憩带；

三片：北部生态旅游区、东部城市旅游区、南部乡村旅游区。

（2）砚山县旅游布局

规划砚山县旅游发展布局为"两心、两廊、三片"的空间结构。

两心：江那镇作为砚山县的旅游服务中心，维摩乡碳房作为全县乃至全州的重要集散地；

两廊：两条旅游走廊，分别是纵贯砚山县全境的 G80 高速公路与 323 国道为东西走廊，纵贯砚山县全境的 242 省道为南北走廊；

三片：西部乡村旅游区、中部综合旅游区、东部生态旅游区。

（3）丘北县旅游布局

规划丘北县旅游发展布局为"一极、两区、三带、城景一体"的空间结构。

一极：将普者黑景区打造成丘北县、文山州的旅游高地、增长极；

两区：丘北旅游未来延伸扩展的重点旅游区，舍得高山草场旅游区、新店云上天坑旅游区；

三带：以省级公路为依托，形成进出普者黑旅游增长极并向其他片区扩展的山水景观带，西向 311 省道、北向 240 省道、南向 240 省道；

城景一体：丘北县城未来发展方向，即城在景中，景区与城区融合。

2. 东部民俗体验片区

（1）广南县旅游布局

规划广南县旅游发展布局为"一心、三廊、六区"的空间结构。

一心：莲城镇作为广南县的游客集散中心、服务中心；

三廊：三条旅游走廊。云桂铁路与 G80 高速（323 国道）为两条横向旅游走廊，串联西部和东部旅游区。253 省道为一条纵向旅游走廊，串联北部和南部旅游区；

六区：坝美世外桃源旅游区、莲城历史文化旅游区、八宝山水田园旅游区、旧莫壮族风情旅游区、汤纳溶洞奇观旅游区、者兔神山秘境旅游区。

（2）富宁县旅游布局

规划富宁县旅游发展布局为"两心、一廊、三片"的空间结构。

两心：新华镇作为富宁县的旅游服务中心，剥隘镇作为面向省外游客的旅游集散基地；

一廊：以 G80 高速和 323 国道交通干线为依托，打造一条旅游走廊；

三片：南部边境旅游区、中部生态旅游区、东部康体旅游区。

3. 南部边关彩宝片区

（1）西畴县旅游布局

规划西畴县旅游发展布局为"一心、二线、三片"的空间结构。

一心：将兴街打造成为连接文山、西畴、麻栗坡、马关四县市的集散中心、旅游目的地；

二线：依托西畴县两条主要省道，构建两条特色旅游线，东西向国道 246 生态旅游线，南北向省道 242 文化旅游线；

三片：香坪山生态旅游区、兴街乡村旅游区、西洒文化旅游区。

（2）麻栗坡县旅游布局

规划麻栗坡县旅游发展布局为"一心、二带、三片"的空间结构。

一心：麻栗镇旅游集散中心、休闲接待中心；

二带：国道 246 旅游发展联动带、县道旅游休闲景观带；

三片：北部民族文化旅游区、中部生态休闲旅游区、南部军事边关旅游区。

（3）马关县旅游布局

规划马关县旅游发展布局为"一心、二线、三区"的空间结构。

一心：马白镇打造成为区域休闲度假旅游集散中心、接待中心；

二线：省道 242 生态旅游线、国道 248 边关旅游线；

三区：中部民族风情旅游区、西部彩宝探秘旅游区、南部边关风情旅游区。

（三）旅游产品体系

围绕"山水田园健康生活旅游目的地"的总体定位，构建以"休闲健康"为核心的休闲度假、养生养老、中医药疗三大核心产品，山水观光、文化体验、美食调养三大基础产品，探宝探秘、农业庄园、体育运动、军事边关四大特色产品。

1. 核心旅游产品

（1）休闲度假旅游：利用宜人气候、舒适环境、便利设施、优美景观等休闲资源，开发周末休闲、假期休整、会展商务、联谊感情、调养生活、舒缓精神等旅游产品体系，达到联络交流、转换节奏的目的。

（2）养生养老旅游：利用气候环境、山水生态、饮食物产等综合资源，开发森林花卉养眼、宗教文化养心、呼吸食补养气、冥想思索养神、气候空气养颜等内涵丰富、外延拓展的旅游产品体系，以达到延缓衰老、健康长寿的目的。

（3）中医药疗旅游：利用三七系列产品、石斛系列产品、草果系列产品、银杏系列产品等中药材，结合中医治疗技法，开发中草药生产、药草蒸浴、理疗推拿、中药养生、中医排毒等旅游产品体系，以达到中医保健的目的。

2. 基础旅游产品

（1）山水观光旅游：利用喀斯特岩溶地貌、青山绿水、温泉冷泉、河流瀑布等资源，开发登山、森林浴、泉浴、攀岩、自行车、特种运动、徒步远足、山地越野、温泉 SPA、漂流、探险等旅游活动，以达到强身健体、娱心娱身的目的。

（2）文化体验旅游：利用民俗风情、传统建筑、生活习俗等乡土文化，农民版画、坡芽歌书、民族歌舞等艺术文化，道教、佛教、民族信仰等宗教文化，文物古迹、名城古镇等历史文化，革命老区、老山抗战等红色文化资源，开发乡村旅游、宗教养生、历史缅怀等旅游活动，以达到深度体验、修心养性的目的。

（3）美食调养旅游：利用绿色食品、生态农业、民族风情菜、名特小吃、中药宴席、健康饮食习俗等资源，开发食品生产、地方饮食文化体验、药膳保健、食疗食补等旅游活动，以达到调解身体的目的。

3. 特色旅游产品

（1）探宝探秘旅游：利用宝石矿产地、洞穴、密林、旷野、遗址、水下等资源，开发宝石探宝、洞穴探宝、密林探宝、越野探宝、景区探宝、游戏探宝等旅游活动，以达到求知探险、丰富阅历的目的。

（2）农业庄园旅游：利用田园、草场、葡萄园、果园、茶园、温泉、生态农业、坝塘、中医药等资源，开发健康讲座、膳食、生活瑜伽、冥想、泉浴 SPA、精油按摩、健康管理等旅游活动，以达到健康生活的目的。

（3）体育运动旅游：利用山川、江河、湖泊、森林、体育训练基地、体育馆、民族体育等资源，开发游泳、划船、徒步、漂流、室内健身、球类、水上运动、自行车、体育比赛等旅游活动，以达到健身娱乐的目的。

（4）军事边关旅游：利用战壕、神炮、界碑、枪械、猫耳洞、防空洞、指挥所、纪念碑等资源，开发爱土爱国、研学体验、理想信念、军旅训练、野外生存、模拟对抗、科普教学等旅游活动，以达到提升意识、珍爱和平、增强体质的目的。

（四）区域游览线路

1.县市旅游线

（1）文山市

开化街道—平坝古镇；

开化街道—大自然地热谷—君龙湖休闲度假区—老君山生态旅游区。

（2）砚山县

江那镇—听湖休闲旅游区—原生态民族风情园—龙坝岗休闲农业集聚区；

江那镇—听湖休闲旅游区—黑巴南国牧场。

（3）丘北县

锦屏镇—丘北精品休闲商务区（RBD）—普者黑国家旅游度假区—舍得高原草场；

锦屏镇—丘北精品休闲商务区（RBD）—新店云上天坑旅游区。

（4）西畴县

西洒镇—西畴城郊休闲公园—上果壮乡风情园—香坪山芳香旅游区；

西洒镇—西畴城郊休闲公园—兴街岔河乡村旅游综合体—鸡街彩壁画廊休闲谷—小桥沟生态探秘旅游区。

（5）麻栗坡县

麻栗镇—大王岩主题公园—云岭中药养生谷—城寨白倮人原始部落；

麻栗镇—大王岩主题公园—中国祖母绿交易中心—英雄老山圣地旅游区—天保边境旅游试验区。

（6）马关县

马白镇—马洒乡村旅游区—马鞍山休闲度假庄园—阿娥农民艺术创意园—中国旷野探宝旅游区—古林箐立体农业观光园；

马白镇—马鞍山休闲度假庄园—都龙边境商贸旅游区—金厂边境生态旅游区。

（7）广南县

莲城镇—地母历史文化旅游区—中国溶洞与穴居原著博物馆—八宝风

景区；

莲城镇—地母历史文化旅游区—坝美世外桃源旅游区。

（8）富宁县

新华镇—老街三寨田园旅游区—坡芽原生态民族村—剥隘历史文化旅游小镇—富宁体育休闲旅游区；

新华镇—架街生态旅游区。

2.州域游览线

融合文山州自然风光、人文景观，整合全州旅游资源，依托交通对州内旅游线路进行整合，规划打造四条精品主题旅游线路，分别为：

（1）三七健康养生之旅

丘北普者黑高铁站→砚山维摩黑鱼洞村→听湖→苗乡三七科技园→石窝窝→白石岩、诸葛山庄→香坪山大地湖→西畴汤谷太阳村→珠街→广南县城→坝美→普者黑。

（2）祖母绿探秘寻宝之旅

文山（和谐世界城、彩宝街）→平坝三七古镇→马关八寨→马关八大木石榴石寻宝旅游区→阿娥版画村→马关县城→新街克广村→麻栗坡作战纪念馆→老山神炮公园→老山→天宝宝石奇石交易市场→砚山玛瑙基地→普者黑。

（3）老山爱国军事之旅

丘北普者黑→维摩黑鱼洞村→王友德故居→砚山民族文化广场、博物馆→克广村→苗乡三七科技园→文山→文山博物馆→麻栗坡作战纪念馆→神炮公园→将军洞、老山、国门。

（4）坡芽音乐乡村之旅

丘北普者黑火车站→丘广公路→坝美→广南县城→广南博物馆→地母文化传承景区→富宁→坡芽村、剥隘古镇→广南八宝稻作文化小镇、三腊瀑布→普者黑。

3.跨洲旅游线

（1）滇东南旅游线路

昆明—红河—文山；

昆明—曲靖—文山。

（2）滇桂黔旅游合作线路

滇桂：昆明—石林—弥勒—丘北—广南—富宁—百色（广西）—南宁（广西）；

滇黔：昆明—石林—弥勒—丘北—广南—西林（贵州）—安顺（贵州）—贵阳（贵州）。

（3）国际精品旅游线

昆明—丘北—文山—麻栗坡—天保—河江（越南）—河内（越南）—海防（越南）—下龙湾（越南）。

七、全域项目开发

（一）重大旅游项目

1. 普者黑国家旅游度假区

（1）资源特色

普者黑景区总面积 400 平方千米，位于丘北县锦屏镇、双龙营镇、曰者镇、八达哨乡四乡镇接合部，以"水上田园、湖泊峰林、彝家水乡、岩溶湿地、荷花世界、候鸟天堂"六大景观而著称，普者黑旅游区旅游资源具有山水一体、村景相融、峰峦叠嶂三大主体（属性）特征，近景中景远景组合、天上地面水中构景、动景与静景相依偎三大衍生（结构）特征。

（2）策划思路

以"健康度假"为总体发展理念，将山水风光主题化、民俗风情特色化、度假环境优质化、旅游业态多样化、产业要素集聚化，把普者黑打造成为国际著名旅游目的地和云南省旅游文化产业转型升级示范区。前期发展重点在于完善旅游配套设施，后期重点在于传递健康休闲生活方式（见图1-15）。

图 1-15　普者黑设计图

（3）项目内容

A. 山河湾风情走廊

具体包括在九龙谷开发水景别墅、山地别墅、水上高尔夫等项目；在阿鲁白开发欢乐水世界、湿地公园等项目；在龙山湖开发湖面滑水运动、孤峰夜景灯光、水上露营基地、垂钓中心等项目；在横山湖畔开发水上集市、蔬菜观光园、索道滑水馆等项目；在西荒湿地开发芦荡迷宫、浮岛木屋、养心栈道等。

B. 仙人洞彝家水乡

具体包括在长山湖开发千荷庄园、芙蓉加工园、莲花工艺品中心等项目；在天鹅湖开发百鸟珍禽园、蛋壳小屋、观鸟湿地等项目；在蒲草塘开发艺术家部落、文化创意园、雕塑公园、云南大师坊等项目。在仙人洞开发撒尼工坊、全景漂浮屋、萤光洞穴等项目；在普者黑开发渔村客栈、风光渔场、亲子菜地等项目；在青龙山开发多维观景平台、岩壁玻璃栈道、动漫溶洞等项目；在菜花箐开发苗银作坊、湖湾花田、多肉花房等项目；在摩乐哥开发斗牛场、斗鸡场、拳击场等项目（见图 1-16）。

C. 落水洞芳香营地

在板桥、新沟、茶花沟等地开发芳香种植基地；在小白山、落水洞村、马蹄岛等地开发旅游营地；在废弃营房、监狱、农场等地开发特色酒店群；在岩峰山开发僰人文化馆、僰人旅舍、僰人牧场等项目；在落水洞、河大山、羊洞等地建设观景平台。

D. 九连山健康基地

在小空山开发玫瑰花海、精油作坊、美食亭等项目；在中房龙乡地块开发湿地高尔夫、健康管理中心、水围寺养生净地等项目；在白玉六郎溶洞开发绿植景观通道、洞穴时光隧道、奇幻庭院等项目；在大麦冲开发辣椒生态农园、远足营地、花卉苗木基地等项目。

E. 八道哨田园农庄

在太阳魂庄园开发太阳魂酒庄、彝族婚俗庄园、乡村健康美食庄园等项目；在龟仙湖开发养老度假庄园、稻作养生庄园、壮锦文化庄园等项目；在上那红开发壮药养生谷、牧歌畅情谷、森林养生谷。

F. 摆龙湖生态环岛

在摆龙湖地区开发盆景小岛、生态步道、摄影平台等项目；在衣布底开发苗族活态博物馆、花山坪场、苗家客栈等项目。

2. 坝美世外桃源隐居谷

（1）资源特色

地处广南县坝美镇坝美村，与陶渊明笔下《桃花源记》描述相符，是一个

图 1-16　仙人洞彝家水乡设计图

与世隔绝、环境优美、安居乐业的理想净土。项目所在地四面环山、可进入性不高，较闭塞的区域位置使其保留大量的原生态事物与景象，以天然洞穴、青山绿水、屋舍农田、古树水车、幽静乡村、民俗民风等为资源特色（见图 1-17）。

（2）策划思路

夯实"世外桃源"品牌形象，与阳朔、婺源等"世外桃源"景区进行差异化开发，突破大众的山水田园、民俗观光模式。以"隐"为主题，以"旅游＋归隐＋养生"为开发内容，向"慢旅游""深度旅游"全面升级。同时，转变景区落后的运营和管理模式，采取高端打造、生态开发、细分营销的策略，把坝美打造成国际著名的旅游目的地和云南旅游文化产业转型升级示范区。

（3）项目内容

A. 桃花谷

桃花谷位于元宝山南侧，猴爬岩以北，南北两山夹峙，背山面水，草木葱茏，环境幽雅宁静。规划立足现有资源特色，构建"诗情画意、桃园栖居"的唯美桃花谷，包括度假、休闲、疗养、观光功能，与坝美隔河相望。

图 1-17　世外桃源项目示意图

B. 养生别院

围绕健康主题在坝美村打造"健康养生主题别院"，包括养生餐厅、养生别墅、养生理疗室（精油浴池、花海浴池、中医浴池等）、养生品茗、养生大讲堂、养生娱乐所等项目活动。

C. 归隐度假村

利用坝美村宁静幽雅的自然环境和大面积的森林覆盖率，打造分时度假村庄，以"森林主题酒店"为特色，在森林中若隐若现，突出"隐逸"主题，同时辅助森林露天泡池、隐逸文化讲堂等项目打造。

D. 野奢酒店

围绕坝美村原生态的深山老林、天然洞穴、青山绿水、屋舍农田、古树水车等丰富的原生态资源打造各种形态的野奢酒店集群：山居、洞居、林居、田居、民居、水居等。

E. 原乡修心基地

借助坝美原汁原味的自然环境，打造天人合一、修身养性、健康休闲的集食住行游购娱为一体修心基地，设立户外瑜伽、打坐室、大师经坛等，营造高端原乡修心基地。

F. 东方隐居文化馆

以"隐"文化为主题，以中国传统隐逸文化的时空展示为主线，依托碑林、竹廊、文化展览馆等形式打造东方特色的隐居文化馆（见图1-18）。

图 1-18　东方隐居文化馆示意图

3. 老君山自然公园

（1）资源特色

地处文山市西部，于2003年6月被批准为国家级自然保护区，总面积为34.44万亩。保护区最高峰——薄竹山主峰，海拔2991.2米，为滇东南第一峰。项目所在地水资源丰富，是盘龙河等河流源头，被誉为"绿色天然水库"；生态资源丰富，是滇东南最大的亚热带常绿阔叶林区，9锋22岭21溪并肩相连，区内有千年古树、长蕊木兰、野生杜鹃、野生三七等珍稀物种，菖蒲塘、茅坝子等天然温泉，日出、日落、云海、雪景等气候气象景观，具有极高的科普、科教、科研价值和旅游价值。

（2）策划思路

2014年《国务院关于促进旅游业改革发展的若干意见》中提出：稳步推进建立国家公园体制，实现对国家自然和文化遗产地更有效地保护和利用。项目策划由国家级自然保护区向自然公园转型升级，以"绿色开发"为主题，在保护的前提下进行合理开发，通过开发措施促进有效保护，拓展科研、教育、游憩和社区发展等功能（见图1-19）。

图 1-19　老君山自然公园示意图

（3）项目内容

A. 自然博物馆

依托文山市自然旅游资源，建设自然博物馆，主要从事古生物、动物、植物和人类学等领域的标本收藏、科学研究、科学普及，打造科研旅游和教育旅游。

B. 风景廊道

结合老君山丰富的山水自然资源，建设一批景观道，如步道、自行车车道、自驾车道等（见图 1-20）。

图 1-20　风景廊道示意图

C. 观景台

依托森林景观、水面景观、气象景观等，建设 20 处生态观景平台，如亲水平台、森林观景台、薄竹山气象观景台等。

D. 野营基地

选择合适空地建设野营基地，规划建设规模 800 人的野营地，包括露营、野炊、日出观景等项目。

E. 航空俱乐部

依托低空飞行项目新建航空俱乐部，开展航空摄影、小飞机停靠站、热气球、滑翔伞等项目活动。

F. 老屋基银杏庄园

规划将以绿色为主题，以银杏庄园、老君山啸岩、菖蒲塘和茅坝子天然温泉等景点为主线，开发生态旅游产品，如与植物制药业联合生产品牌制药，打造精品生态旅游路线。

G. 菖蒲塘温泉公园

依托茂密的森林植被资源、峡谷、山涧溪流，在温泉资源丰富的菖蒲塘地区，打造温泉度假公园。

4. 砚山农业庄园集群区

（1）资源特色

地处砚山县，砚山县为"国家级现代农业示范区""云南省第一批高原特色农业示范县"，高原特色农业是砚山县优势产业。近年来，围绕烤烟、辣椒、大豆、三七、蔬菜、畜牧等传统产业，万寿菊、重楼、玫瑰、薰衣草、蓝莓等新兴产业，砚山初步建成了集种植、加工、销售为一体的高原特色农业产业集群。

（2）策划思路

根据 2014 年云南省《关于加快高原特色农业发展的决定》以及 2015 年中共中央、国务院《关于加大改革创新力度加快农业现代化建设的若干意见》等政策文件，以"庄园旅游"为主题，充分发挥砚山县的高原特色农业产业优势、区位交通优势、政策优势等条件，将现代农业基地与庄园度假相结合，融合旅游、休闲、文化、医药、保健、养生等产业，将庄园旅游作为砚山县旅游发展的突破口（见图 1-21）。

图 1-21 农业庄园

（3）项目内容

A. 玫瑰庄园

以砚山县玫瑰资源为依托，在合适地域选址建设玫瑰庄园，以玫瑰种植、加工、体验、观赏、休闲、度假为主要功能，突出可食用性、观赏性、美颜性、酿酒等特色，打造玫瑰养生度假庄园。

B. 三七庄园

以砚山县三七种植资源为依托，在合适地域选址建设三七庄园，以三七种植、加工、餐饮、养生、度假为主要功能，突出三七的健康养生、三七特色餐饮等，打造三七健康度假庄园（见图 1-22）。

图 1-22 三七产品系列示意图

C. 辣椒庄园

以砚山县辣椒资源为依托，在合适地域选址建设辣椒庄园，以辣椒种植、采摘、加工、餐饮等为主要功能，突出辣椒养生内涵、辣椒特色餐饮、辣椒产品等，打造辣椒养生庄园。

D. 蔬菜庄园

以砚山县蔬菜资源为依托，在合适地域选址建设蔬菜庄园，以蔬菜种植、采摘、餐饮、农事体验等为主要功能，突出绿色、生态、无污染等特色，打造蔬菜健康庄园。

E. 云牧庄园

以砚山县草原畜牧资源为依托，在合适地域选址建设云牧庄园，以草原畜牧业为主体，以养殖、放牧、体验、观光、休闲为主要功能，突出草原、生态特色，打造高原云牧休闲庄园。

F. 薰衣草庄园

以砚山县现有薰衣草产业为基础，在合适地域选址建设薰衣草庄园，以薰衣草种植、观赏、精油提炼、摄影、度假等为主要功能，突出生态、浪漫、香草主题，打造薰衣草度假庄园。

G. 蓝莓庄园

以砚山县现有蓝莓产业为基础，在合适地域选址建设蓝莓庄园，以蓝莓种植、加工、采摘、体验为主要功能，突出绿色、健康主题，配以餐饮、住宿设施，打造蓝莓度假庄园。

H. 花生庄园

以砚山县花生资源为依托，在合适地域选址建设花生庄园，以花生种植、加工、农事体验为主要功能，突出绿色、养生主题，配以各类深加工花生产品，打造花生养生庄园。

5. 香坪山芳香旅游区

（1）资源特色

香坪山景区拥有绚丽的自然风光、丰富的珍稀物种资源，是理想的避暑胜地和"天然氧吧"，森林覆盖率高达90.2%，年均气温17℃，是清朝江浙水陆两路军统领林开武归隐地，生长着华盖木、桫椤、水杉等国家级保护植物和松针油、大茴香、香木兰、香子含笑等多种特色天然芳香植物（见图1-23）。

图 1-23　香坪山芳香旅游区示意图

（2）策划思路

以"芳香旅游"为主题，做足"香"文章，种植香树、香花、香草，形成融种植、观赏、采摘、加工、运输为一体的芳香旅游产业；以"芳香度假＋芳香养生＋芳香游览＋芳香农业"为支撑，结合人的五觉，将芳香旅游融入旅游六要素中。

（3）项目内容

A. 芳香主题博物馆

展示世界各个时期传奇色彩、里程碑意义的香料、香水、精油及其容器；

图 1-24 大地湖休闲度假区示意图

香水、精油诞生的整个生产线的模拟重现；香水、精油现场"私人定制"；设置芳香用品、食品购物中心。

B. 茶花坪旅游中心区

开发以老场部为中心的林开武文化园，以香坪山村为依托的民族风情农家乐，以香箐溪为根基的花香养生谷。

C. 大地湖休闲度假区

开发以老胖箐村为依托的老胖箐芳香度假村，以大地村为依托的大地旅游特色村，以大地湖为依托的水上游乐场，位于大地村东北角的自驾车营地，位于大地村西北角的华盖木基地（见图 1-24）。

D. 鸡冠山森林体验区

开发徒步爬鸡冠山的山林寻芳步游线、环鸡冠山的越野车游线，位于鸡冠山及山脚的特种林林下活动基地，以龟山湖为依托的休闲运动基地。

E. 木兰谷科普探秘区

开发珍稀木兰园、木兰博物馆、香树林三个项目，作为木兰科物种基因库，建设木兰植物科普教育基地。

F. 头道河农业庄园区

开发依托头道河群的特种鱼养殖基地和渔家乐，建设依托村寨和农田的芳香农业庄园和家庭农场。

6. 老山国家军事公园

（1）资源特色

老山是英雄诞生的地方，是军人心中的巅峰；"老山精神"与"井冈山精神""延安精神"一样，是民族精神和时代精神的集中体现，是中国人民解放军的"军魂"。项目以低山峡谷、瀑布激流、奇特洞穴、森林云海、战争遗址、文物古迹、墓碑陵园、石雕营盘、古道驿站等资源为特色，打造军事主题公园。

（2）策划思路

以"老山精神"为主题，以国家公园为形式，以"重塑军魂"为理念，将老山打造成集军旅体验、国土教育、休闲观光为一体的标志性国家军事公园。

（3）项目内容

A. 老山主峰

以重塑"艰苦奋斗，无私奉献"的老山精神为主题，深度开发和保护已有的古迹遗址，设立烈士纪念日，定期举办模拟军事演习和文艺展演，打造成缅怀老山革命精神、传颂老山英雄故事、塑造老山军人灵魂的传奇圣地

（见图1-25）。

图 1-25　老山主峰

B. 主题军事博物馆

在老山主峰北侧的小广场内建设集展览、陈列、接待、教育四维一体的老山主题军事博物馆，馆内主厅展览军用武器、神炮、坦克、战争现场照片和影音纪录等珍藏品，并从听觉、视觉、嗅觉三方面全真模拟战争的紧张气氛。馆外设置露天军事文化大舞台，栩栩如生地回现作战的震撼场面。

C. 军人魔鬼训练营

依托老山厚重革命历史和振奋革命精神，由国家特种兵指导开展军事拓展训练场、真人 CS、民兵战术训练场、梦回连营、军事闯关赛、室内外打靶场、野外生存体验、武器展览厅等旅游项目，塑造全真军事体验。

D. 信念教育基地

以"倡导革命精神、学习英雄事迹"为发展理念，设立国内一流的干部群众理想信念教育基地，发展研学旅游，开展干部教育活动，建设现代战争课外军事教室。

E. 凤凰谷

以老山奇石滩多姿多彩的风光和清凉洞变幻莫测的秘境为背景，建设一条集观光、探宝、娱乐三维一体的峡谷漂流旅游带。在奇石滩配备宝石陈列馆和游客服务中心，定期举办漂流比赛、探宝大比拼等旅游活动。

F. 老山第一村

依托浓郁、神秘的瑶族风情，深度挖掘历史文物古迹及民族古建筑，打造一座兼具革命历史韵味和瑶族文化风情的魅力小村寨。将"老山第一村"

打造成一张名副其实的老山名片（见图 1-26）。

图 1-26　老山国家军事公园示意图

G. 将军洞

将绿荫密布的自然美景和深厚悠久的历史文化完美地融合，打造具有军旅特色的蜚声中外的天然避暑胜地。洞外设立军旅餐厅、军旅酒店、军旅图书馆、军旅纪念品店等项目，打造集食、住、行、游、购、娱于一体的军旅体验场所。

7.紫牙乌探宝乐园

（1）资源特色

紫牙乌即石榴石宝石，属中低档宝石。世界上许多国家把紫牙乌定为"一月诞生石"，象征忠实、友爱和贞操。西方人认为紫牙乌具有治病救人的神奇功效；在中东，紫牙乌被选作王室信物。马关境内八寨、大栗树、木厂三乡镇30余条岩脉中含有大量石榴石、透辉石资源。以石榴石探宝为主导，配合当地三七种植、民族文化，马关旅游极易蹿升为文山州又一旅游发展增长极。

（2）策划思路

以"探宝"为主题，结合宝石养生文化，采取小片试点、政府规范、企业运作模式，规划中国旷野探宝第一旅游目的地，建设一个项目丰富、要素齐全、业态新颖的大型探宝旅游综合体项目。

（3）项目内容

A.紫牙乌博物馆

系统陈列境内石榴石的历史、资源、甄别标准以及标志性事件新闻图片、视频，使游客对石榴石矿产以及开采历史有全面认识；展示石榴石开采过程及制作工艺、展示石榴石艺术品以及首饰，使游客产生对石榴石的向往（见图1-27）。

图1-27 紫牙乌博物馆示意图

B. 紫牙乌探宝乐园

选址在八大木境内石榴石资源丰富的地方。在公园入口租售探宝器材。对已经开发的有观赏价值的矿洞进行安全处理，形成观赏矿洞。在园内用雕塑重现探宝或者开采宝石的有趣场景。注意景观设置，在合适的地方设置探宝露营营地。在公园全境实行旅游者实时定位技术、对特别景点可通过二维码识别进行手机讲解，实现智慧旅游。

C. 紫牙乌浓情作坊

设置在探宝公园附近，以手工、定制为吸引点。在作坊内，游客可在设计师的帮助下亲自设计独属于自己的石榴石首饰、装饰品，并参与制作。作坊内的石榴石产品可进行"深情认证"，将石榴石的购买者和受赠者的姓名刻在公园大型矿石上的对应"爱情""亲情""友情"区域内。凡是经爱情认证的情侣，需提供身份证明，一生只能为第一次赠送石榴石的爱人制作石榴石戒指，否则不接受购买。

D. 宝石养生体验馆

石榴石与境内的三七对人类的血液都具有极好的保健作用。养生体验馆不仅可以体验宝石、三七的双重保健作用，而且可以享用当地特色三七药膳和使用石榴石装饰餐具。

E. 紫牙乌精品店

马关石榴石在创意云南 2014 文化产业博览会上惊艳亮相后，使人们对它的兴趣大大提升。紫牙乌精品店重点展示出售马关本土的彩色宝石品种，将石榴石打造成文山州除祖母绿外又一个彩色宝石品牌，成为人人买得起、人人开心买的平民宝石。

F. 岩石矿物科普基地

与国内外专业院校合作，将马关作为岩石矿物野外科普研学基地，在科学研究、文化交流等方面增强马关石榴石影响力。

8. 剥隘体育运动公园

（1）资源特色

地处富宁县剥隘镇，依托低海拔体育训练基地进行开发，主要景观包括剥隘库区、相思岛、峡谷、森林等，云南高原体育训练基地富宁基地项目招商引资工作开展顺利，已完成一期建设项目，包括田径场、体育馆、室外网球场、室内网球场、酒店等。

（2）策划思路

以"运动健身"为主题，由高海拔体育训练基地向体育公园升级，借助剥隘镇通江达海的位置，以及靠近两广的区位，便利的交通条件，依托体育训练基地及体育设施，综合开发陆地、水面、山地的体育项目，打造以体育训练、比赛、休闲为核心，以康体、养生、旅游、度假为功能导向的综合性体育公园。

（3）项目内容

A. 游艇俱乐部

依托富宁风光旖旎的纯天然水域，可参考香港皇家游艇俱乐部，打造集餐饮、娱乐、住宿、商务、船只停泊、维修保养、补给、驾驶训练等多功能于一体的国际游艇俱乐部。游艇类型涵盖豪华竞速艇、豪华商务艇、高档运动力艇、小型工作艇等各种艇型，满足不同风格的需求。

B. 皮划艇训练基地

融入运动、休闲、观光、娱乐、竞技等旅游体验，建成一流的水上运动皮划艇训练基地，打造别具一格的富宁旅游品牌，形成一道百舸争流、千帆竞发的亮丽风景线。

C. 户外垂钓基地

依托绿荫碧水的自然环境，建设多个垂钓位及设施一流的垂钓服务中心、国际休闲渔具展览馆及亲水茶吧。创办国际垂钓节、国际垂钓文化交流会等活动倡导一种恬静休闲的生活方式。

D. 山地自行车场

以"绿色健康"为设计理念，充分考虑周边环境因素，利用原有山体构造和自然形态，建设以绿色环保、运动健身、竞技娱乐为特色的国内野外山地自行车场典范。

E. 网球中心

建设具有高水平、多功能、综合性的现代化网球中心，主要设施包括室内外网球场、运动员休息室、接待厅及会议厅等。

F. 沙滩排球场

依托相思岛幽静的滨水风光和浓郁的淳朴民风，融入热情活力的沙滩排球运动，构建兼具高层次、民族风、时尚性的特色沙滩排球场。

G. 综合训练馆

将此确立为剥隘国家体育公园的核心运动场所，建设体育训练与旅游接待的首要基地。具体设施包括管理办公室、贵宾接待室、乒乓球馆、羽毛球场地、篮球训练馆、室内游泳馆和休息区等（见图1-28）。

图 1-28　综合训练馆示意图

H. 五星级酒店

依托富宁港水域湖面、海滨风光的自然环境，建设集住宿、购物、餐饮、游乐、观光、会议、健身为一体的全方位创新型五星级酒店。

I. 运动员公寓

在环境优美的湖岸建设与自然巧妙融为一体的运动员公寓，公寓内设有豪华包间、普通包间、大型餐厅和洗衣房和理疗间。

J. 房车露营营地

建设云南省房车露营营地示范基地。为自驾车游客提供自助或半自助服务，服务内容包括住宿、餐饮、娱乐、拓展、汽车保养与维修等。定期举办房车爱好者交流会和房车论坛。

（二）重点旅游项目

1. 西部片区重点项目

（1）文山旅游休闲商务区

A. 资源特色：地处文山市东风路片区，文山城区核心区域，东临文华路，西至双桥花园，南临盘龙河，北临西后街，目前已建设商业广场、酒店、世界城等项目。

B. 策划思路：依托东风路片区旧城改造项目，打造文山市旅游休闲商务区（TRBD），将休闲娱乐、文化旅游、特色购物等各类项目加以整合，形成与商务相结合的旅游休闲产业，打造成为文山现代都市的新亮点、新名片。

C.项目内容：主题酒店群、Shopping Mall、国际会展中心、中国彩宝城、民族工艺商品城、彩宝文化旅游节等。

（2）三七健康产业园

A.资源特色：地处文山市，依托特安呐三七产业园，拥有产品研发基地、三七 GAP 种植基地、中药材加工基地、产品生产基地、物流仓储基地、三七国际交易中心、商务服务中心、物资配套服务中心完整的产业链体系。

B.策划思路：依托三七产业优势，以产业融合为方向，由三七拓展到中医药健康产业，带动一、二、三产业联动，打造健康养生、生物制药、保健服务、健康旅游的健康产业园。

C.项目内容：健康检测中心、三七主题博物馆、中药材种植基地、三七科技文化中心、高端养老公寓、医疗保健基地等。

（3）盘龙大峡谷

A.资源特色：地处文山市开化镇西北部，属于盘龙河上游河段，包括暮底河水库、盘龙峡谷、盘龙河、上天生桥、白沙坡温泉以及周边民族村寨，以湖泊、峡谷、温泉、河流等为主要景观特色。

B.策划思路：将区域内旅游资源进行整合开发，建设一个集休闲度假、观光旅游、户外运动、科普教育、生态探险等主题于一体的大型综合性旅游项目。

C.项目内容：君龙湖国家水利风景区、大自然地热谷、月亮湖旅游度假区、盘龙崖壁体育公园、户外漂游营地、户外拓展训练基地等。

（4）六诏乡村公园

A.资源特色：地处砚山县蚌峨乡，属于六诏山脉山区，主要资源包括万亩草场、六诏水库、千亩蔬菜、千亩果林、特种养殖等乡村旅游资源，以大地景观、生态环境、资源丰富、交通便利等为特色。

B.策划思路：按照国家公园模式进行开发，以生态农业、田园风光、民俗文化、魅力乡村为主线，以万亩草场、六诏水库为依托，开发农业观光游、亲子教育游、休闲健康游、自然生态游、民俗体验游等产品。

C.项目内容：龙坝岗农业观光园、美丽乡村走廊、六掌风情草场、房车露营营地、户外帐篷酒店、六诏垂钓基地、生态养殖牧场、山地体育公园等。

（5）黑巴南国牧场

A.资源特色：地处砚山县阿舍乡，位于文山州与红河州交界处，素有"南国草原"的美誉，包括低纬度"南国草原"、喀斯特峰丛景观、大黑山、鲁都克天主教堂、苗族彝族等少数民族风情文化等特色资源。

B.策划思路：将高原特色农业与旅游业融合，打造集草场观光、户外休闲、民俗体验、高端度假等为一体的综合性草场旅游度假区。

C.项目内容：游客服务中心、赛马俱乐部、滑草运动场、房车露营营地、户外运动基地、现代牧场庄园、鲁都克天主教堂、草原亲子游乐场。

（6）原生态民族风情园

A.资源特色：地处砚山县盘龙乡，由三个独具特色民族村寨构成，即响水龙（苗族）、法土龙（壮族）、白石岩（彝族），三个村寨文化浓郁，初步进行了旅游开发。

B.策划思路：坚持"一村一主题"发展模式，通过融合民族风情、民族饮食、节庆活动，开发具有民族特色的集吃、游、购、娱为一体的美丽乡村，打造民族团结示范区。

C.项目内容：民族体育竞技场、文化美食街、水上剧院、桃花景观廊道、山地自行车赛道、民族工艺博物馆、歌舞广场、文化传习馆等。

（7）丘北休闲商务区

A.资源特色：地处丘北县城锦屏镇，紧邻普者黑旅游景区，交通区位优势明显，商业气息浓郁，公共设施配备齐全。

B.策划思路：将休闲娱乐、主题街区、精品购物等各类项目加以整合，打造新型休闲产业（RBD），既满足外来旅游者的休闲需求，又满足本地居民商业消费需求。

C.项目内容：精品购物休闲街、商业购物广场、城市中心花园、精品商务酒店、商务写字楼、文化展示馆等。

（8）舍得高原草场

A.资源特色：地处丘北县舍得乡，被誉为"文山版香格里拉"，以高原万亩草场、风力发电机组、名优土特产品、少数民族风情等而著称。

B.策划思路：可作为旅游旺季普者黑景区游客分流的目的地，按照体验休闲、运动健身思路，提升舍得草场可进入性，丰富参与性项目内容。

C.项目内容：滑草场、跑马场、羊雄山生态步道、草场避暑庄园、自驾车营地、白泥塘文化村、羊雄山摄影基地等。

（9）丘北智慧旅游中心

A.资源特色：地处丘北县城锦屏镇，以物联网、云计算、通信网络、信息处理、数据挖掘等技术为依托，以游客互动体验为中心，构建游客管理、旅游服务和营销推广等多功能综合平台。

B.策划思路：将信息智慧植入景区和城市公共服务运营与管理之中，以实现旅游城市整体运营方式的转变。

C.项目内容：公共数据服务中心、交通服务体系、安全服务体系、环境服务体系等。

2.东部片区重点项目

（1）八宝稻作文化旅游区

A.资源特色：地处广南县八宝镇，被誉为"高原壮乡小桂林"，拥有田园风光、峰林峰丛、飞瀑流泉、溪流石桥等，以及悠久历史、浓郁民俗著称，是"中国八宝米之乡"，以稻作为特色的农业资源丰富。

B.策划思路：融合八宝农耕文化、民俗文化、生态文化，从传统的观光旅游向乡村休闲度假升级，注入田园综合体开发理念，由风景名胜区向诗画田园升级。

C.项目内容：游客服务中心、旅游营地、低空飞行基地、稻作博物馆、八宝河漂流、乡村风情走廊等。

（2）地母历史文化旅游区

A.资源特色：地处广南县莲城镇北郊，以地母文化为核心，融合壮乡文化、句町文化进行开发。项目总占地面积为3500亩，地形以缓坡丘陵为主，北部为山地地貌，南部紧邻县城，中部为莲峰水库。

B.策划思路：总体布局为"一湖、二环、三区、九单元"。其中，一湖：莲峰湖，将莲峰湖建设成为一个开放式水景公园。两环：滨水游憩环和车行游览道。三区：地母胜境区、句町古国区、壮乡风情区。

C.项目内容：地母宫景区、母爱文化园、稻作文化园、句町王宫、句町广场、句町历史文化街区、歌圩广场、壮族文化传习馆、湖东别墅等。

（3）九龙山森林公园

A.资源特色：位于广南县者兔乡，以原始森林、多样生物、神山神田、生态文化为特色，周边村寨保留壮家干栏式全木结构房屋，为广南壮族原生态文化保留最完整的地方。

B.策划思路：按照森林公园模式进行开发，依托九龙山原始森林资源，加快基础设施建设与旅游开发，将九龙山打造为水源之山、景观之山、探秘之山、文化之山、神奇之山。

C.项目内容：户外旅游营地、登山俱乐部、九龙山旅游合作社、登山步道、神山祭祀广场、游客服务中心等。

（4）坡芽民族音乐乡村

A.资源特色：地处富宁县剥隘镇东南部，是国家级非物质文化遗产《坡芽歌书》发源地。坡芽村四周环山，生态环境优良。《坡芽歌书》是以原始图画文字将壮族民歌记录于土布上的壮族爱情民歌集，是我国活着的图画文字之一，具有很高的学术研究价值和开发利用价值。

B.策划思路：依托国家级非物质文化遗产《坡芽歌书》及坡芽村良好的生态环境，开发民族音乐文化乡村旅游产品。将坡芽歌书文化符号融入各个旅游产品要素中，形成不仅使游客有可看、可听，也有可玩、可参与的项目。

C.项目内容：《坡芽歌书》传习馆、《坡芽歌书》实景剧、游客服务中心、情歌广场、特色农院、乡村民宿、竹林酒店、旅游厕所等。

（5）架街生态旅游区

A.资源特色：地处富宁县归朝镇与板仑乡交界处，处于1200米海拔的高山上，水淹面积500亩，森林覆盖率高达80%以上，形成了上百亩的森林湿地，以水上森林、清凉世界、金秋红叶等为资源特色。

B.策划思路：加快招商引资及旅游项目建设，按照"一环五景区"生态旅游区总体布局，重点开发生态体验、户外休闲自助、民俗文化体验等旅游产品。

C.项目内容：天湖水上森林、那里大峡谷、架街乡村田园景区、坡莫双龙溪、百宝高山草原、自驾车营地、户外摄影基地等。

（6）田蓬边境旅游区

A.资源特色：地处富宁县田蓬镇，国家二类口岸，与越南河江省苗旺县上蓬口岸相对应。已建成边检大楼、办公生活区、入境通道等口岸基础设施，周边的狮子山哨所保留有战争遗迹，整个项目以边境风光、军事遗址、历史古迹等资源为依托。

B.策划思路：以田蓬口岸为核心，整合狮子山哨所、田蓬集镇，开发以边境观光、商贸旅游、军事缅怀、爱国教育等为主题的边境旅游区。

C.项目内容：田蓬旅游小镇、田蓬口岸免税购物店、狮子山军事遗址公园、中越美食街、旅游服务中心、边境集市等。

3.南部片区重点项目

（1）兴街岔河乡村旅游综合体

A.资源特色：地处西畴县兴街镇，是文山市通往麻栗坡的重要交通节点，拥有岔河溶洞群、中华鲟养殖、葡萄种植园、壮族村寨、农家田畴、河谷山林等资源。

B.策划思路：走融合发展之路，将旅游业与农业、文化、生态、乡村建设、城镇建设结合起来，为种植业、手工业、养殖业、服务业注入新的活力，打造兴街岔河乡村旅游综合体。

C.项目内容：岔河穿越时光主题溶洞、葡萄酒自酿庄园、红又专时光村落、橘子精油工坊、芳香农家乐、乡村集市、壮乡建筑小品等。

（2）上果壮乡风情园

A.资源特色：是广西、云南两省区唯一保留"女子太阳节"壮族风俗的村寨，该村"女子祭祀太阳"已被列入国家非物质文化遗产名录，村寨周边山林茂密、田陌纵横、河流环绕。

B.策划思路：以"女子太阳节"祭祀为亮点，对村寨环境进行重新包装整合，将旅游与生态文明、美丽乡村建设结合起来，将上果村打造成集民俗文化展演、乡村田野观光、农事生活体验、文化研究科普为一体的奇景魅力乡村。

C.项目内容：太阳鸟母祭祀坛、壮族风情广场、文化传习馆、鸡街河漂流、壮族乡村民宿、自驾车营地、壮族风雨桥、老鹰岩瀑布摄影台等。

（3）曼竜花倮人生态乡村

A.资源特色：地处西畴县鸡街乡，村中果木甚多，村边田地肥沃，风景优美，花倮人围原而居。花倮人延续着古老独特的习俗文化，在传统节日"荞菜节"期间跳起被赞誉为"中国式迪斯科"的葫芦笙舞。2010年，拍摄了以花倮人为主题的彩色电影故事片《倮·恋》。

B.策划思路：在推进道路通达性基础上，进行村容村貌整治，以原乡生态为理念，将其打造成质朴、自然、清新的新一代魅力乡村。

C.项目内容：花倮人民俗传习馆、大榕树广场、旅游厕所、花倮人私家民宿、曼竜杨梅采摘园、乡村建筑小品等。

（4）麻栗坡县边境旅游试验区

A.资源特色：地处麻栗坡县天保镇，天保口岸是中国通往越南、走向亚太的重要通道，自古就是军事要塞，被誉为"中国南疆锁钥"。1993年天保口岸升为国家一类口岸，2011年，国务院批准天保口岸扩大对第三国人员开放。

B.策划思路：申请更为灵活的边境旅游政策，提升旅游沿边开发开放水平，从浅层"口岸购物"旅游向"边境城市"旅游深度提升，将麻栗坡天保口岸建设成为中国通往越南、东南亚的重要旅游通道和东南亚跨境旅游的集散中心。

C.项目内容：中国祖母绿宝石城、中越国际商贸旅游交易中心、天保异域美食风情街、峰恋爱情谷、国际宝石主题酒店、口岸演艺中心等。

（5）云岭中药养生谷

A.资源特色：地处麻栗坡县下金场乡，以喀斯特峰丛、阔叶植被、多姿杜鹃、原生石斛、边境风情为资源依托，打造康体养生旅游示范基地。

B.策划思路：以中医药为载体，以中医药文化为灵魂，集医疗、旅游、健康、养生等产业于一体，开发健康养生和民俗风情体验，拓展环境养生、美食养生、中医养生等，建造都市高端养生庄园。

C.项目内容：干坝子杜鹃花海、原生石斛种植园、云岭慢游步道、中药养生百草园、自驾车营地、中医养生理疗馆、候鸟养生养老中心、生态膳食坊等。

（6）祖母绿矿山公园

A.资源特色：地处麻栗坡县猛硐乡，该地有目前为止我国境内发现唯一具有可开发前景的祖母绿矿床，拥有珍贵祖母绿、天然矿石、山水风光等资源，可将其打造成集探宝购物、休闲娱乐、拓展知识为一体的国家矿山公园。

B.策划思路：以弘扬祖母绿文化、提升当地旅游经济为目的，挖掘祖母绿文化、分区开展建设，融入休闲服务业态，通过环境治理、生态恢复、保护矿业生产遗迹、遗址等景观，将锰洞祖母绿矿山打造为国家矿山公园。

C.项目内容：珠光宝气风情走廊、宝石主题艺术馆、光彩照人炫舞广场、爱情主题营地、矿山休闲吧、矿山采选流程展演室等。

（7）古林箐立体农业观光园

A.资源特色：地处马关县古林箐乡，以草果种植、热带水果、原始森林、河流山谷、古茶树、农场等资源为依托，重点突出观光园的绿色、生态、养生等发展理念。

B.策划思路：以"立体农业观光"为发展方向，以现有农场、香蕉园为基础，推动旅游与传统农业融合，强化绿色有机、果园体验、养生康体发展思路，建设集种植、养殖、加工、物流、休闲、购物为一体的立体农业观光园。

C.项目内容：立体农业休闲廊道、热带水果加工作坊、有机蔬菜餐厅、特种养殖园、原始森林露营基地、云海摄影平台、古林箐旅游营地等。

（8）阿峨农民艺术创意园

A.资源特色：地处马关县仁和镇，依托阿峨新寨壮民传统绣花、特色版画技艺，将阿峨农民艺术创意园打造成为仁和镇创业的平台，乡村艺人实现人生梦想的舞台，举办各类现场创作实践活动。

B.策划思路：推动文化与旅游的融合，以传统绣花、特色版画为基础，向如竹编、木雕、漆器、陶瓷等其他艺术品类拓展，把阿峨新寨打造成中国民间艺术创作基地、创意产业孵化基地，以旅游扩展农民艺术影响力、乡村经济实力。

C.项目内容：阿峨农民艺术展览馆、农民版画乡村民宿、壮乡风情咖啡吧、民间艺术创意交流馆、壮族田野风光小品、阿峨山野休闲小道等。

（9）都龙边境商贸旅游区

A.资源特色：地处马关县都龙镇，以都龙镇边界优势、森林资源、水果资源为依托，重点突出边界商贸、异国风情、水果养生等发展理念。

B.策划思路：以"边境商贸"为总体发展理念，在现有边界商贸的基础上，强化商贸旅游、边界旅游的发展，拓展边界商贸、旅游的便捷性，建造云南边境商贸旅游综合体。

C.项目内容：都龙边境风情街市、中越边境商贸城、热带水果边境庄园、边界森林度假养生居、茅坪国门等。

（三）一般旅游项目

1.西部片区一般项目（表1-16）

表1-16　西部片区一般旅游项目表

序号	项目名称	项目位置
1	东山城市休闲公园	文山开化镇
2	平坝旅游小镇	文山平坝镇
3	琵琶岛城市休闲公园	文山开化镇
4	卧龙街道办龙潭寨魅力乡村	文山卧龙街道
5	底泥魅力乡村	文山平坝镇
6	佛寿文化商业街	文山开化镇
7	塘子边苗族乡村	文山追栗街
8	阿舍乡黑巴村	砚山阿舍乡
9	平远旅游小镇	砚山平远镇
10	维摩黑鱼洞村歌舞乡村	砚山维摩乡
11	阿猛红色旅游区	砚山阿猛镇
12	听湖水岸旅游区	砚山江那镇
13	炭房旅游集散中心	砚山维摩乡
14	新店云上天坑	丘北新店乡
15	温浏猴爬岩峡谷	丘北温浏乡
16	腻脚万寿菊庄园	丘北腻脚乡
17	双龙营旅游小镇	丘北双龙营

2. 东部片区一般项目（表1-17）

表1-17　东部片区一般旅游项目表

序号	项目名称	项目位置
1	句町文化主题博物馆	广南莲城镇
2	董堡牡露魅力乡村	广南董堡乡
3	者兔马碧魅力乡村	广南者兔乡
4	中国溶洞与穴居原著博物馆	广南董堡南屏
5	旧莫壮族风情小镇	广南旧莫乡
6	八宝旅游小镇	广南八宝镇
7	三腊瀑布	广南八宝镇
8	坝美旅游小镇	广南坝美镇
9	剥隘旅游小镇	富宁剥隘镇
10	归朝旅游小镇	富宁归朝镇
11	富宁低空旅游基地	富宁剥隘镇
12	富宁城市休闲公园	富宁新华镇
13	老街三寨田园旅游区	富宁归朝镇

3. 南部片区一般项目（表1-18）

表1-18　南部片区一般旅游项目表

序号	项目名称	项目位置
1	鸡街彩壁画廊休闲谷	西畴鸡街乡
2	小桥沟生态探秘旅游区	西畴法斗乡
3	西畴城郊休闲公园	西畴西洒镇
4	兴街旅游小镇	西畴兴街镇
5	兴街旅游工艺品基地	西畴兴街镇
6	龙坪十二寨云上乡村	西畴兴街镇
7	西畴低空旅游基地	西畴西洒镇
8	城寨白倮人原始部落	麻栗坡董干镇

续表

序号	项目名称	项目位置
9	大王岩城市休闲公园	麻栗坡麻栗镇
10	天保旅游小镇	麻栗坡天保镇
11	麻栗坡老君山低碳旅游区	麻栗坡猛硐乡
12	马鞍山城郊休闲公园	马关马白镇
13	金厂边境生态旅游区	马关金厂镇
14	马白马洒魅力乡村	马关马白镇
15	八寨旅游小镇	马关八寨镇
16	马固新寨民族特色旅游村	马关坡脚镇
17	古林箐生态休闲度假旅游区	马关古林箐乡
18	岩腊脚"拳王故里"	马关夹寒箐镇

八、全链产业要素

（一）交通业规划

1. 旅游交通现状

经过近年来的建设和发展，文山州旅游交通条件得到显著改善，公路、铁路（在建）、航空、水运（在建）等立体交通格局正在形成。但是，对外旅游交通运输不便、对内旅游交通扩散不畅、旅游交通配套设施不足等依然是文山州旅游发展的制约因素。

（1）对外旅游交通运输不便

A. 公路交通：广昆高速横穿文山全境，是目前游客进入的主干通道。但文山州对外高等级公路网尚未形成，北向（曲靖、广西西林）、南向（广西那坡、越南跨境）交通条件不便，游客抵达文山州路程时间较长。

B. 航空交通：文山普者黑机场（4C 级），是文山州唯一的民航机场，位于砚山县，距文山市约23千米，现开通航线包括至昆明、南宁、广州、北京，但直航航线仅限省会昆明市。普者黑机场航线缺少与周边、东部及沿海城市的联系，直航航班太少，使得国内游客进出不便。

C. 铁路交通：云桂铁路（南宁—昆明）2009 年开工建设，2016 年 12 月

28 日通车，境内经过文山州的富宁县、广南县、丘北县，共设站 7 个，包括富宁站、珠琳站、广南站、普者黑站等。

E、水运交通：富宁港，千吨级水运港口，云南省"通江达海第一港"。富宁港作为云南最便捷的出海港口，对于连接云南与珠江—西江经济带，两广以及"一带一路"建设意义重大。2015 年上半年，虽已基本完成一期工程建设，但由于广西境内的百色水利枢纽工程过船设施停建等因素，使得富宁港建设停滞，富宁港建成通航仍不明确。

（2）对内旅游交通扩散不畅

A. 空间分布不均衡。从区域内部交通出行分析，旅游者内部交通出行量主要集中在丘北、文山、砚山、广南西部和北部区域，东部区域和南部区域以及文山州与周边州市之间交通联系都并不密切。内部各小区之间的联系也以相邻县（市）之间的联系较为密切，各县市之间空间分布不均衡，尚未完全形成紧密的内部路网。

B. 公路技术等级偏低。截至 2015 年年底，全州公路通车里程 15814 千米，路网密度 50.3 千米 / 百平方千米。与 1992 年相比，通车里程是 1992 年 5270 千米的 3 倍，路网密度是 1992 年 16.7 千米 / 百平方千米的 3 倍。但总体道路技术等级较低，三级以上公路仅占总里程的 13.16%。

C. 景区交通环线不畅。文山州主要旅游景区中，除了丘北县通往普者黑景区的普碳公路较便捷外，大多旅游景区尤其是新开发景区对外交通不畅。例如，通往广南坝美景区旅游专线未形成，一些景点所在乡村缺少公路等，使得游客进入景区的可选择性较少，进出景区不方便（表 1-19）。

表 1-19　文山州公路交通发展现状

公路等级	里程
高速公路	303.1 千米
一级公路	59.1 千米
二级公路	500.6 千米
三级公路	1116.5 千米
四级公路	11984.6 千米
等外公路	1796.7 千米

资料来源：文山州综合交通发展规划（2014—2030）。

（3）旅游交通配套设施不足

旅游交通配套设施包括交通站场、码头、停车场、交通标识等。目前，文山州旅游交通配套设施还很不完善，是影响文山旅游交通通畅性和旅游交通质量的重要方面。主要表现在：

A. 旅游交通配套设施硬件方面。现有公共汽车站规模和设施不适应旅游发展需要；城镇建设与景区建设对停车场缺乏考虑，中心城区与多数景区景点均面临停车问题，例如普者黑景区在旅游高峰时段，旅游大巴、出租车、小巴士、私家车乱停乱放，交通较为混乱。

B. 旅游交通配套设施软件方面。目前文山州内主干道，尤其是通往景区的山区道路缺乏安全标志、标线，以及以旅游景区景点的名称、进入方向、里程数等为主要内容的标识牌系统。

2. 旅游交通布局

按照"进得来、散得开、出得去"的发展目标，结合《文山州综合交通发展规划（2014—2030）》，规划文山州旅游交通布局为：

（1）"三横、三廊"的客流主干通道

在对外交通方面，打造"三横、三廊"的客流主干通道。自驾走廊：依托 G80 高速公路，连接砚山—广南—富宁，打造民族风情自驾走廊，作为文山州自驾车旅游客流主动脉，平远街、剥隘镇作为两大自驾旅游交通节点。高铁走廊：依托云桂高铁，连接丘北—广南—富宁，打造山水风光高铁走廊，作为文山州铁路旅游客流主动脉，丘北站、广南站、富宁站作为三大铁路旅游交通节点。边境走廊：依托边境一线，连接马关—麻栗坡—富宁，天保、都龙、田蓬作为三大边境旅游交通节点，打造边境风情走廊。

（2）"两纵、四射"的客流扩散通道

在对内交通方面，打造"两纵、四射"的客流扩散通道。东纵扩散通道：依托现有省道及在建雍河（文山段）高速，以文山市、砚山县为枢纽，使旅游客流向北辐射丘北县，向南辐射马关县。西纵扩散通道：依托现有公路及西林—麻栗坡（规划）高速，以珠街镇为枢纽，使旅游客流向北辐射广南县，向南辐射西畴县、麻栗坡县。

3. 旅游交通设施

（1）建成立体旅游交通体系

规划到 2025 年，建成集公路、铁路、航空、水运于一体的立体旅游交通体系。确立文山州旅游交通以公路为主，以航空、铁路、水运为辅的格局。

A.公路方面，形成便捷的公路交通网络。以 G80 高速为骨架，加快泸西至丘北至广南至剥隘高速公路、天保至猴桥高速公路（文山段）、贵州纳雍至云南河口高速公路（文山段）、屏边至马关至田蓬（滇桂界）沿边公路等建设，改善国道、省道、乡道等交通条件；B.铁路方面，加快启动丘北至文山、文山至蒙自铁路建设；C.航空方面，择机开通普者黑机场新的航线，尤其是到北京、长三角、珠三角等主要客源地的直航航班。启动丘北、广南支线机场建设，推进低空旅游基础设施建设；D.水运方面，续建富宁港工程与基础设施建设，加快推进富宁港通航。

（2）建设一批旅游专线公路

通过建设一批旅游专线公路，实现景点间公路网的连接、畅通和高等级化，提高各旅游景区的可进入性、便捷性、舒适性、安全性。包括：文山—老君山旅游专线公路、丘北—普者黑旅游专线公路、广南—坝美旅游专线公路、广南—八宝旅游专线公路、砚山—黑巴旅游专线公路、富宁—剥隘旅游专线公路、西畴—香坪山旅游专线公路、马关—古林箐旅游专线公路、麻栗坡—天保旅游专线公路等。

（3）完善旅游交通配套设施

A.车站、码头、机场。加快丘北、广南、富宁火车站及富宁港设施建设，一方面要突出特色，另一方面要确保各项旅游服务功能实现。B.停车场。考虑旅游客源规模，在各旅游景区、旅游集镇合理布置停车场，停车场附近应配备一定的休息、信息咨询、车辆维修等方面的设施。C.交通标识。完善交通标识系统，高速公路及一、二级公路上加强旅游景区（点）标志设置，完善景区内的道路交通标志、标线、交通安全设施和旅游景区（点）的标志设置。D.游客集散系统。打造三级游客集散系统，参考《城市旅游集散中心等级划分与评定》（LB/T 010—2011），在文山州建立旅游集散中心体系。E.打通"最后一公里"。打通交通主干线至旅游景区、旅游小镇、旅游特色村等"最后一公里"交通线。

（4）打造自驾旅游营地系统

基于自驾游市场和游客"散客化"趋势，在文山州打造完善的自驾旅游营地系统。考虑政策利好、游客需求、景区发展等条件，依托文山州十大旅游营地项目，示范建设一批自驾旅游营地，作为旅游营地项目的支撑。包括：落水洞自驾旅游营地、舍得自驾旅游营地、八宝自驾旅游营地、老君山自驾旅游营地、黑巴自驾旅游营地、香坪山自驾旅游营地、下金厂自驾旅游营地、古林箐自驾旅游营地、归朝自驾旅游营地、剥隘自驾旅游营地等。

（二）旅行社规划

1. 旅行社现状

文山州现有旅行社 20 家，分社 7 家、服务网点 26 个，这些旅行社主要经营国内游业务，仅有麻栗坡旅行社具有经营出境越南旅游业务，砚山目前尚无旅行社。文山州旅行社存在规模较小，区域发展不平衡，从业人员业务能力、服务质量有待提高等问题。

2. 旅行社目标

旅行社是旅游活动的组织者和促销宣传的窗口，在旅游业中具有龙头地位作用。文山州旅行社发展目标为：以建立现代旅游企业制度为重点，以市场需求为导向，着重增强全州旅行社的产品开发与销售能力，提高旅行社的对外竞争水平，在全州形成以国际旅行社为先导、以国内旅行社为主体、区域布局合理的旅行社接待网络体系。

3. 旅行社发展

（1）优化旅行社布局。增加 2~4 家国际旅行社，各县均设立 1~2 家国内旅行社，做到县县都有旅行社，拓宽全州旅行社的营销网络；适当引进 1 家跨国旅行社，成立合资旅行社；促进文山州与东南亚地区的旅游合作，形成国内旅行社与国际旅行社并行发展的格局。

（2）调整旅行社结构。根据文山州旅游业发展趋势，扶持旅行社做大做强，5A 级旅行社 1 家、4A 级旅行社 3 家、3A 级旅行社 10 家；培育有发展潜力的旅行社组建成旅行社集团；为增强旅行社竞争力，大力扶植民营旅行社；推进旅行社企业改革，通过股份改造、合资经营等形式引导各中小旅行社的重组与业务合作，提高经营管理水平。

（3）拓展旅行社业务。鼓励旅行社与本地景点、饭店、交通、商店等的业务合作，积极参加各类旅游交易会，宣传文山州旅游形象，与全国乃至国外旅行社建立广泛业务联系，拓展业务规模。

（4）开拓电子商务业务。充分运用信息网络、电子商务、自媒体等现代技术手段，开展假日旅游、家庭旅游、民居客栈、近郊旅游等网络在线业务，加大电子商务的营销、预订、结算、推广渠道，发展电商旅游业，加强与OTA 的合作，借助其平台资源优势，拓展线上业务。

（5）提升旅游服务质量。加强教育培训和人力资源管理，提高从业人员素质，培养旅游从业人员良好的服务态度，根据旅游市场需求，加强旅游产品的策划和创新，推动旅游产品的多元化发展，构建以观光旅游为基础，休闲度假旅游、特色旅游、专项旅游为重要发展方向的旅游产品体系。优化旅游产品结构，从人员素质、服务态度、优质产品等多方面提升旅行社的服务质量。

（三）饭店业规划

1. 饭店业现状

文山州现有四星级酒店2家，三星级11家、二星级5家，接待床位共6.77万个。文山州的宾馆饭店主要分布在文山市区、丘北县城、普者黑风景区，尤其是高档次、功能齐全的饭店集中在全州的政治、经济、文化、交通中心文山市。文山州饭店业具有以下特点：

（1）住宿设施数量不足。根据2015年统计，文山州接待旅游者达到1139万人次，比上年增长18%，快速增长的旅游人数和省外、国外游客比例的增加，使得文山州整体住宿接待设施呈现供不应求的现象。

（2）饭店地区分布不均。首先是饭店在地区分布上不平衡，文山州宾馆饭店主要集中在文山市城区内和丘北县城及普者黑风景区内，其他县宾馆饭店不仅分布数量少，而且档次结构低。其次是饭店档次、质量与旅游资源品位、吸引力的不平衡。文山州对远程旅游者颇具吸引力的旅游产品，如边境旅游、民族风情所依托的县份很少或缺乏星级饭店，造成目前高吸引力景区难以吸引高层次游客，高品位景点留不住高消费游客的局面。

（3）饭店档次结构失衡。文山州现有四星级酒店2家，首家四星级酒店为2011年开业的文山市诗达酒店，总投资近1亿元，建筑面积21000平方米，拥有中高档客房136套，宴会厅1个，多功能厅2个和独立会议室3个。由此看出文山州住宿设施存在高等级酒店相对偏少，酒店投资规模小。从发展看，文山高星级饭店的匮乏很难满足快速增长的省内外及海外旅游者对住宿设施的较高需求，全州旅游接待能力薄弱，不利于文山州吸引远程旅游者和增加旅游总收入。

（4）缺乏主题性酒店，度假型酒店不足。文山州酒店虽然在服务接待设施上粗具规模，但酒店整体风格却大同小异，没有体现当地民族文化特色。即使存在少量的主题酒店，能在酒店的建筑、装饰、设施设备、员工服饰等硬件上突出体现主题元素，但在酒店的视觉形象、文化氛围、主题服务、员工的行为举止等软件方面却缺乏主题文化元素。同时酒店主题与当地文化特色不一致，如雅馨主题酒店、258主题酒店，主题的同质化导致旅游资源吸引力不足，无法形成产业竞争优势。文山州旅游发展应以康体养生为主题，但全州的度假型酒店却十分匮乏。

（5）部分饭店设施趋于老化。在对文山州的住宿设施进行调查中发现，有相当数量的宾馆房间存在装修相对单调陈旧、相应配套设施缺乏、水管漏水、电源开关损坏等情况，反映出这些饭店设施保养维修不勤、经营管理不严等方面的问题。

（6）管理水平和服务质量有待提高。文山州旅游业整体发展程度不高，虽然在近几年的大发展中，部分地区如文山市城区、丘北县城的住宿硬件设施有了较大改善，但旅游饭店的总体管理水平不高，管理者专业化水平低，员工缺乏有效的培训，使得宾馆的服务质量处于低水平状态。

2. 饭店业目标

饭店业是旅游业的重要载体，具有特色的饭店又构成旅游吸引力的一部分。文山州饭店业发展目标为：饭店总量稳健发展，质量适度超前；结构趋于合理，类型日益多样化；旅游饭店供需基本平衡，区域布局合理；管理日益规范化，服务日益个性化；保证服务质量，提高经济效益；形成高中低档结合、饭店类型齐全、地区分布合理的旅游饭店住宿业体系。

3. 饭店业发展

文山州住宿设施规划建议要点：

（1）总量适度增加。针对住宿设施数量不足的问题，着力增加酒店数量数和床位数。主要景区（点）内外部增加一定数量的特色酒店、乡村客栈、度假酒店等满足旅游需求的住宿设施，实现供需平衡。

（2）布局分散合理。根据文山州客源市场规模、旅游高峰期住宿游人比例和游客停留天数分析，对文山州饭店住宿业进行预测。床位需求数拟采用全年住宿总人数计算法推算床位需求规模，计算公式为：$C=RN/TK$，其中，C 为住宿床位需求数；R 为全年住宿游人总数；N 为游客平均住宿天数，近期 1 天，中期为 1.5 天，远期为 2 天；T 为全年可游览天数取 300 天；K 为床位平均利用率。具体床位需求数及空间分布详见表 1-20。

表 1-20　旅游区床位分布及需求规模预测表

住宿设施名称	比例	近期（张）	中期（张）
文山	33%	2574	9570
砚山	5%	390	1450
丘北	19%	1482	5510
西畴	4%	312	1160

住宿设施名称	比例	近期（张）	中期（张）
麻栗坡	14%	1092	4060
马关	7%	546	2030
广南	10%	780	2900
富宁	8%	624	2320
总计	100%	7800	29000

（3）结构不断优化。以市场为导向，调整饭店档次、类型结构。提高文山州住宿设施档次，规划期内建议引进国际著名酒店集团 3~5 家，各县建设四星级酒店 1~2 家，在普者黑、坝美等景区鼓励高品质精品酒店建设。同时丰富酒店类型、完善酒店功能，满足不同游客需求。

（4）特色不断加强。各县市、各旅游区要结合地方经济发展和区域特色，制定本地饭店业发展规划，形成一地一特色。引导温泉度假酒店、乡村客栈、文化体验型酒店、壮乡风情酒店、军事主题酒店等在各景区（点）的投资与建设；为顺应国内假日旅游迅速发展的趋势，在高速出入口等地建设自驾车营地或汽车旅馆。

（5）质量效率提升。包括硬件和软件的同步提升。首先，强化酒店的基础设施建设，注重外在装修、提升整体形象。其次，重视项目引才、挖掘潜力人才、培养优秀人才，大力引进优秀企业管理型、技术型、服务型人才。成立酒店服务质量监督委员会或通过定期举办各类服务技能大赛促进酒店业服务质量的提高。

（四）餐饮业规划

1. 餐饮业现状

文山州餐饮资源丰富，形成三七汽锅鸡、壮家岜夯鸡、苗家狗汤锅、大气根炖鸡、牛肉干巴、烤乳猪、豆沙肉、菊花鸭、军民鱼水情、广南板鸭十大文山名菜。截至 2014 年年底，文山州境内共有大小餐饮门市 3696 家，其中 1703 家分布于文山市，仅有的 2 家云南省铜盘级旅游餐馆（桥头壮乡风味园、邓四饭庄）都位于丘北县普者黑境内。文山州餐馆缺乏中高档特色餐馆和品牌连锁店；空间分布不均衡，文山市、丘北县与州内其他地区餐饮业发展差距较大；服务质量和就餐环境氛围有待提高。

2.餐饮业目标

餐饮业是旅游活动的六大要素之一，对游客具有相当的吸引力。文山州餐饮业的发展目标为：以原材料绿色化、菜品地域（民族）特色化、餐饮名店品牌化为重点，以游客需求为导向，以提高餐饮业的吸引力和在全州旅游收入的比重为立足点，逐步形成各类餐饮业态互为补充、高中低档餐饮协调发展、地方餐饮特色鲜明的餐饮发展新格局，打造融餐饮、娱乐、文化、休闲于一体的旅游餐饮服务体系。

3.餐饮业发展

（1）塑造健康餐饮品牌。文山州餐饮应以健康为主题，以标准化为保障，打造文山州国家健康旅游示范区的标杆餐饮品牌形象。结合文山州餐饮业发展实际，参照通行的旅游市场餐饮业规则和服务标准，推行餐饮业的服务标准和国家质量认证，促进餐饮业菜品质量、用餐环境、用餐卫生和服务技能与较高标准接轨。对州内餐饮的每个环节以及餐饮行业装修标准、从业人员都进行标准化的规范和认定，落实到餐饮业准入退出标准中去，实行切实可行的奖惩机制以及监督体制规则，定期核查并接受游客反馈。

文山州健康餐饮应以当优势资源相结合：一是与当地特色植物相结合，例如广南的八宝米、丘北的辣椒、文山和砚山的三七、富宁的八角及其当地芳香植物等；二是与当地旅游业态相结合，例如文山庄园旅游、军事旅游、探宝旅游、庭院旅游等；三是与文山健康旅游主题相结合，例如推出绿色有机餐厅、卡路里可视餐厅、药膳调理餐厅等。

（2）凸显餐饮文化内涵。文山州有11个世居民族，且历史文化悠久深厚。应充分利用文山州文化优势，助力旅游餐饮业发展。加强对餐饮产品的文化包装，重点挖掘苗族、彝族、壮族的民族文化以及当地的历史传统文化、军魂文化、休闲健康文化，对餐饮产品进行全方位的全新阐述，增加餐饮产品的文化附加值，以及对游客的吸引力。

与当地节事紧密结合，增加餐饮产品的趣味性和互动性。例如，壮族的春节吃濮侬包圆筒形粽粑、祭龙节吃花米饭。借助这些节日，赋予餐饮产品深厚的民族情谊；使游客观看节事时制作餐饮产品过程，提高游客购买欲望；邀请游客参加体验餐饮产品的制作过程，提高游客餐饮产品的忠诚度。

（3）打造餐饮龙头企业。目前为止，文山州只有2个铜盘级旅游餐厅。应当在文山市内打造2个金盘级旅游餐厅，5个银盘级餐厅，若干铜盘级餐厅；丘北县在原有的2个铜盘级旅游餐厅基础上，发展2个金盘级旅游餐厅，5个银盘级餐厅，若干铜盘级餐厅；其他县级旅游区也应结合自身实际配备各级旅游餐厅。充分发挥大型餐饮龙头企业的规模优势，产生品牌号召力。

（4）合理布局餐饮空间。文山都市休闲旅游区打造文山风味小吃一条街、酒吧娱乐一条街、一个大型美食广场，同时建设中高端的中西餐厅和文艺咖啡馆；砚山庄园养生旅游区打造农业庄园特色系列餐厅、养生药膳系列餐厅；丘北山水度假旅游区打造休闲高档餐厅、会议中心餐厅，建设花园式自助餐厅、滨水风情餐厅、野奢木屋酒店系列餐厅；西畴芳香颐养旅游区打造绿色主题餐厅、生态鱼餐厅、生态蔬菜瓜果系列餐厅；麻栗坡军魂体悟旅游区打造军旅主题酒店系列餐厅、露营地系列餐厅、露天烧烤系列餐厅；马关彩宝探秘旅游区打造水中漂浮餐厅、原始森林自助餐厅、欢乐探宝主题系列餐厅；广南文化体验旅游区打造主题性休闲餐吧，建设农家风情餐厅、世外桃源餐厅等；富宁康体运动旅游区打造集娱乐、运动、餐饮、时尚为一体的健康主题餐厅（见表1-21）。

表1-21 旅游区餐饮设施数量预测表

旅游功能区	餐厅类型	容人数（人）	档次
文山都市休闲旅游区	风味小吃街	2000	低
	酒吧娱乐街	1000	中
	美食广场	3000	中
	高端中西餐厅	1500	高
	文艺咖啡馆	500	中
砚山庄园养生旅游区	庄园特色餐厅	1000	中
	养生药膳餐厅	1000	高
丘北山水度假旅游区	休闲高档餐厅	200	高
	花园式自助餐厅	500	中
	滨水风情餐厅	500	中
	野奢酒店餐厅	300	高
西畴芳香颐养旅游区	生态鱼餐厅	100	中
	蔬菜餐厅	100	中

续表

旅游功能区	餐厅类型	容人数（人）	档次
麻栗坡军魂体悟旅游区	军旅酒店餐厅	800	高
	营地餐厅	700	中
	烧烤餐厅	500	低
马关彩宝探秘旅游区	漂浮餐厅	200	高
	森林餐厅	200	中
	探宝餐厅	400	中
广南文化体验旅游区	农家乐	400	低
	休闲餐吧	400	中
富宁康体运动旅游区	运动餐厅	300	中
	健康餐厅	200	中
合计	--	15800	--

（五）娱乐业规划

1. 娱乐业现状

截至 2014 年年底，文山州拥有各类营业娱乐场所 1498 家，其中酒吧 284 家，KTV208 家，娱乐会所 205 家，影剧院 3 家，另外还有电子游艺室、录像厅等娱乐场所若干家。文山州娱乐业发展还处于初级阶段，存在种类单一、消费层次低、文化内涵少、居民为主、游客参与少、分布不合理等问题。但文山州的影视文化已取得一定成果，成立于 2008 年 3 月的文山新影文化传媒有限公司，是文山州第一家被原国家广电总局电影管理局批准，取得电影摄制资格，集影视剧拍摄制作、发行、放映为一体的影视企业。

2. 娱乐业目标

文化娱乐是第三产业的重要组成部分，也是旅游活动的重要消费环节。文山州旅游娱乐业的发展目标为：以提升游客娱乐消费为导向，以提升游客参与程度为立足点，以发展娱乐旅游产品为着力点，以增强地方特色、丰富文化娱乐活动内涵、营造休闲娱乐氛围为重点，改进和完善城市公园、城镇广场、地方戏剧场所等文化设施，形成布局合理、功能较完善的公共文娱设施网络，打造参与性强、品位高、类型齐全、管理规范的旅游文化娱乐体系。

3.娱乐业发展

（1）丰富娱乐类型。建设种类多样的娱乐设施，重点是宾馆、饭店内娱乐设施的完善，旅游接待中心和旅游重镇娱乐设施的建设，以及国家公园娱乐设施的完善。对于宾馆内的娱乐设施建设要符合《旅游涉外饭店星级评定标准》，按星级标准进行设施配套。在旅游中心和旅游重镇要有供夜间进行娱乐活动的场所，定时兴办演出活动，演出要融观赏性、艺术性、参与性及地方特色为一体，以吸引各种层次、各种类型的旅游者。

（2）增强活动内涵。整理挖掘地方特色的民间娱乐内容，如花脸节、三月三等，并通过适当加工，以演艺、体验等方式融入文山州旅游产业，组合成游客喜爱的文化娱乐产品，丰富文化娱乐活动内涵。针对民族文化方面，可以举办以"阿峨版画"为主题的艺术展览；在文山州城市 RBD 区域和重点发展旅游景区定期举办大型文艺会演，弘扬文山州壮族苗族等特色少数民族的民俗文化。

（3）精品项目融合。首先，与十大主题博物馆相融合，大力发展旅游文博事业。文山州可试行"一体两制"的经营管理模式，即以保护为主要职能的事业制与以经营为主要职能的企业制度并存，使旅游与文博互为依托，互相促进。例如针对军事文化方面，在麻栗坡县建设展览、陈列、接待、教育四位一体的军事博物馆。

其次，与健康基地相融合，开展民族体育竞技活动。文山州拥有开展大众性体育健身娱乐活动的优越条件，如滨水游乐活动（滑水、游泳、漂流、游艇、沙滩排球、水上摩托等）、山地游乐活动（自行车、摩托车、登山、攀岩、滑草、蹦极等）、低空游乐活动（跳伞、滑翔、热气球等），可组织全国性、国际性体育比赛表演，组织"球迷""车迷"旅游团。

最后，与国家公园、风情小镇、旅游营地、乡村示范点相融合，完善娱乐基础设施建设和提升品质，增设营业娱乐场所，突出地域特色。

（4）合理空间布局。具体空间布局及内容如表 1-22。

表 1-22　旅游区娱乐设施分布图

旅游功能区	旅游项目	娱乐设施
文山都市休闲旅游区	老君山生态旅游区 文山旅游集散中心 平坝古镇 琵琶岛城市休闲公园 大自然地热谷	沿山高空索道，环山滑道，城市标志性雕塑、大型百货商场、欢乐谷、中高档会所中心、酒吧一条街、文艺咖啡馆、民族大舞厅、大自然地热谷、平坝休闲古镇、琵琶岛城市休闲公园

续表

旅游功能区	旅游项目	娱乐设施
砚山庄园养生旅游区	听湖休闲旅游区 原生态民族风情园 炭房旅游集散中心 龙坝岗休闲农业集聚区	三七药材种植园、中药养生基地、听湖养生净地、盘龙民族风情园、龙坝原生态农场、炭房旅游集散中心、森林养生谷
丘北山水度假旅游区	普者黑国家度假公园 丘北休闲商务区 舍得高原草场 新店云上天坑 猴爬岩峡谷	水上高尔夫、弦舞广场、喷泉水舞、水幕电影、梦幻普者黑大舞台、水上运动中心、欢乐水世界、湿地博物馆、滨水走廊、索道滑水馆、荷花湿地、千鹤鸟巢、戏鸟湿地、亲子垂钓平台、漂浮水屋、360°观景平台、岩壁玻璃栈道、天坑滑草场
西畴芳香颐养旅游区	香坪山芳香旅游区 兴街岔河乡村旅游综合体 上果壮乡风情园 鸡街彩壁画廊休闲谷 小桥沟生态探秘旅游区 西畴城郊休闲公园	农业瓜果庄园、艺术家创意园、西洒壮乡文化庄园、鸡街彩壁画廊休闲谷、田园花海谷、牧歌畅情谷、小桥沟探秘谷、生态博物馆
麻栗坡军魂体悟旅游区	老山国家军事公园 麻栗坡边境旅游试验区 中国祖母绿交易中心 城寨白倮人原始部落 云岭中药养生谷 大王岩主题公园 祖母绿国家矿山公园 老君山低碳旅游区	老山革命英雄纪念地、麻栗坡烈士陵园、老君山原始森林区、祖母绿交易中心、城寨白倮人原始部落、云岭中药养生谷、民族文化大舞台、大王岩崖画展、自驾车营地、自行车营地、游船营地、帐篷营地、山地营地、滑翔营地
马关彩宝探秘旅游区	中国旷野探宝旅游区 阿娥农民艺术创意园 古林箐立体农业观光园 马鞍山休闲度假庄园 都龙边境商贸旅游区 金厂边境生态旅游区 马洒乡村旅游区 八寨风情旅游小镇	森林探宝、原野探宝、民族艺术创意展、古林箐立体农业观光园、马鞍山休闲度假庄园、边境商贸街、民族风情旅游小镇
广南文化体验旅游区	坝美世外桃源隐居谷 八宝风景区 地母历史文化旅游区 九龙山生态旅游区 中国溶洞与穴居原著博物馆 旧莫壮族风情小镇	坝美桃花园林、坝美湖边花田、世外桃源生态瓜果园、八宝山水文化风情园、洞穴速降电梯、洞穴时光隧道、溶洞崖壁玻璃栈道、溶洞与穴居原著博物馆、洞穴奇幻电影院

续表

旅游功能区	旅游项目	娱乐设施
富宁康体运动旅游区	富宁体育休闲旅游区 架街生态旅游区 坡芽原生态民族村 剥隘历史文化旅游小镇 老街三寨田园旅游区 田蓬边境旅游区	高尔夫球场、高档健康管理中心、康体娱乐广场、康体美容院、远足营地、低空飞行基地、运动探险游、坡芽原生态民族村、剥隘历史文化纪念馆、田蓬边境商贸区

（六）购物业规划

1. 购物业现状

文山州物产丰富，具有较多种类的旅游商品资源，拥有全国闻名的三七之乡、八宝米之乡、八角之乡、草果之乡、阳荷之乡、辣椒之乡等美誉。随着文山旅游业的发展，旅游商品开发、加工、生产与销售这条产业链得到相应提升。目前文山州已开发生产出的名优特产品有三七产品系列、土特产食品系列、民族工艺品系列、旅游纪念品系列。具体旅游商品大体上有中草药、农特产品、食用品、饮品、林特产品及少量工艺品等门类；名贵中草药产品主要有三七、石斛、蛤蚧药材等；特色食品主要有壮家花糯饭、灌肠粑、火麻菜、邑夯鸡、豆沙肉、八宝大油团、褡裢粑、八宝鸡、三七汽锅鸡、盐糍粑等；旅游工艺品主要有刺绣、壮锦、挑花、蜡染、石雕、木雕、银饰等。在经营和销售具有当地特色的旅游商品的同时，州外和东南亚旅游商品也日益增多，特别是在边境地带，往往形成越南特色产品一条街。

旅游商品开发中存在主要问题有：

一是旅游商品开发程度低、种类少。虽然文山州的物产资源丰富，但由于缺乏相应的培育、组织、政策扶持以及资金、技术、人才条件，使文山州丰富的物产未能有效地转化为独具特色的旅游商品。商品开发基本局限于农产品初级的加工，并未深度挖掘各资源的开发潜能。现如今仅有三七系列产品一枝独秀，开发较为成熟，主要有三七蜜精、气血康、三七花茶、三七蜜片、三七总甙、三七补酒等数十种，其他特色产品不突出，基本处于初级加工状态。

二是旅游商品销售收入低。文山州旅游商品收入仅占旅游总收入的比重8%，远低于全省20%的平均水平。由此可知文山州旅游资源所带来的经济效益并没有得到充分发挥，旅游商品消费水平低，与文山州旅游商品开发不足、生产经营仍处于较低水平关系密切，与文山州拥有丰富的旅游商品资源不相适应。

三是商品企业生产和销售规模偏小。主要表现在两个方面：旅游商品生产企业和销售企业资金不足、技术落后、市场拓展能力弱，旅游商品的开发研制、工艺技术、包装质量的水平低；旅游商品生产经营企业规模小、分布散、实力弱，整个文山州仅有少量的大规模、多功能的旅游商品购物广场，而大量存在的是依托于城镇、集市的小摊小贩。

四是旅游购物环境有待改善。由于缺乏合理规划、政策扶持、服务监督、市场引导，使得文山旅游购物市场环境不规范，旅游商品开发市场需求导向不足，整体购物环境不佳。

五是旅游商品缺乏品牌优势。文山州旅游商品缺乏品牌形象，旅游商品感知度和知名度很低，主要归因于产品营销方式传统、渠道单一、效率低下以及忽视品牌塑造等。除了文山拳头产品三七驰名中外之外，其他旅游商品基本无人知晓，特别是旅游工艺品、纪念品品牌优势十分薄弱。

2. 购物业目标

旅游商品是旅游目的地形象的载体，旅游商品的生产和销售在旅游业占有重要的地位。文山州的旅游商品开发目标为：深度进行商品开发，完善商品种类；加强文山州旅游商品的研究、生产、销售，促进旅游商品产供销一体化，促进旅游商品的规模化、产业化、有序化；营造良好市场环境，加大文山州旅游商品的特色营销，形成强势品牌。文山州旅游商品开发的总体目标是实施"理想购物工程"，在全州形成旅游商品丰富、销售网点众多、市场经营有序的旅游购物业体系。

3. 购物业发展

（1）深度开发旅游商品特色。在旅游商品开发中，要发挥文山州旅游商品资源的比较优势，挖掘和突出文山州旅游商品资源的地方特色和独特文化内涵，其旅游商品开发应围绕品牌化、特色化、创意化，体现"三七文化、民族文化、边疆文化"的地区特色，并赋予旅游商品以较高的文化附加值。同时针对不同市场需求，均衡发展三七产品系列、旅游纪念品系列、旅游名特产品系列、旅游工艺品系列、旅游日用品系列以及旅游畜牧产品系列，创造出构思精巧、个性鲜明、多档次、多规格的旅游商品。

（2）旅游商品生产需提质增效。旅游商品生产商在对市场需求进行调研基础上，充分利用当地资源特色，依据不同的旅游消费群体的需求，高效、合理生产多规格、多档次的系列产品。珍藏性强、附加值高的旅游商品应小批量生产，甚至是单件或限量生产；对一般性的旅游纪念品、馈赠礼品和土特产品则应大量生产。最终引导和鼓励企业向管理科学化、生产集约化、经营规范化、商品名牌化的目标发展。

（3）扩大旅游商品销售规模和购物点。为使得旅游商品的经济效益得到最直接有效的发挥，文山州需拓展商品销售渠道。具体通过以下几种方式：在文山市建造特色旅游商品购物街，建设 2~3 家集休闲观光、娱乐购物为一体的高档次、多功能的旅游商品购物中心；在其他县城建设旅游商品专卖店，在各景区旅游点建设旅游定点商店，同时建设 1~2 家大型商品购物中心；凡是游客能到的地方，诸如车站、码头、景区、景点、宾馆、饭店、特色商业街等地，都应设置销售点，使商品销售点多样化、层次化，以增加游客购买旅游商品的机会和方便性。同时积极开拓市场，把文山旅游商品打入省内外乃至于国外的旅游商品市场中，拓宽文山州旅游商品销售渠道的市场网络。

（4）优化旅游商品购物环境。为了营造良好的旅游商品购物环境，促进旅游购物业持续、稳定、健康地发展，首先，要在充分尊重市场调节作用的前提下，发挥相关政府部门的监管作用，制定相应的法律、法规，加强旅游商品经营的规范管理，创造平等竞争的市场环境。杜绝随便布点的小商小贩和尾随兜售、欺客宰客的行为发生，保护游客的合法利益。其次，从旅游企业角度出发，需全面提高从业人员的素质，营造文明经商的大环境。

（5）加强旅游商品品牌建设。首先应培育最具特色的三个精品旅游商品，重点开发三七产品系列、旅游工艺品系列、旅游名特产品系列这三大系列产品，通过营销宣传为其树立品牌形象，获得较高社会价值与市场价值，使旅游者对文山建立起良好的印象，吸引巨大的潜在客源市场。以此带动三个旅游商品系列的发展，使旅游商品产业真正成为驱动文山州旅游业飞跃发展的重要力量。

九、全业产业融合

（一）健康 + 旅游

1. 产业发展基础

以三七为主的生物医药和大健康产业引领文山特色产业发展。自 2012 年开始，文山三七产业总产值、销售收入双双进入了百亿元大关。2016 年，全州以三七为主的生物医药和大健康产业实现收入 188.3 亿元，利润 12.25 亿元，税金 1.89 亿元。其中：三七产业实现收入 165.1 亿元，比 2015 年增长 3.29%，利润 11.42 亿元，增长 1.21 倍，税金 1.65 亿元，增长 51.12%；其他中药材产业实现收入 23.2 亿元，利润 0.83 亿元，税金 0.24 亿元。2016 年，全州人工种植除三七以外的中药材品种达 50 余种，从事中药材产业企业 135 户，规模以上企业 8 户，销售收入上亿元的企业 6 户。农民专业合作组织 254 个，从事中药材种植农户 79143 户，发展石斛、重楼、万寿菊、银杏、红豆杉、黄精、八角、草果等种植面积共计 139.74 余万亩，实现收入 23.2 亿元，利润 0.83 亿元，税金 238 万元。苗乡、华信、特安呐、七花等一批产值上亿元的三七龙头企业不断发展壮大。

2. 融合发展理念

大健康产业是全球继机器工业、电子工业、计算机、互联网之后的新兴产业（只有十余年历史），大健康产业由医疗性健康服务和非医疗性健康服务两大部分构成。目前形成四大基本产业群体：以医疗服务机构为主体的医疗产业，以药品、医疗器械以及其他医疗耗材产销为主体的医药产业，以保健食品、健康产品产销为主体的保健品产业，以个性化健康检测评估、咨询服务、调理康复、保障促进等为主体的健康管理服务产业。以大健康产业发展为导向，融入旅游、休闲、度假、康养等元素。融合产生国际健康城（医疗）、健康产业区（种植、加工、科研、销售、物流、电商等产业链）、医养试验区（养生养老）、健康农业区（健康农副产品集聚区）等业态。

3. 旅游融合业态

（1）国际健康城

以文山市区为核心，探索具有国际化、现代化、城镇化的发展方向，以人的健康为中心，以可持续发展为引领，以健康城市建设为依托，在城市功能规划、人居健康环境、健康数据运用等方面探索新路，植入专科医院、精准医疗、中医治疗中心、康复医院、国际体检中心、大病筛查中心、互联网医院、健康呼叫中心、大医慢病研究院工作室、医学博士工作站、生命科学研发中心、中医研发中心、健康食品及药食同源研发中心、生物实验中心、生命过程管理示范区以及医养、颐养、康养等健康社区开发项目，构建全产业链大健康产业体系。把文山市建成云南省乃至大西南地区大健康产业集聚发展试点城市，打造成为独具竞争优势和鲜明地域特色的国际健康名城。

（2）健康产业区

以文山三七产业园区为载体，按照"一园三区一中心"（新平坝片区、东山片区、登高片区、三七国际交易中心）的总体格局和"一基地四中心"（全国三七精深加工基地，三七研究中心、三七检验检测中心、三七现代交易中心、三七文化体验中心）的建设定位，建成以三七为主，集研发、加工、交易等为一体，产业特色鲜明、服务功能齐全、基础设施完善、投资效益显著的产业集聚区，形成了以科研、种植、加工，到销售、物流、电商，兼具其他配套产业发展的三七全产业链。健康产业区统筹新平坝片区、东山片区、登高片区健康产业资源，加快建设科技研发、生产制造、会展交易、康健医疗、教育教学、运动康复、综合配套等功能片区，构建医药创新成果转化集聚区和前沿医疗技术应用先行区。将三七产业园建设成为集产品研发、中试、生产制造、国际物流、国际营销、国际教育与培训、国际旅游与研讨、国际康复、养生保健、健康管理为一体，产学研紧密结合，可实现生产及物流分拨自动化、仓储立体化、运营现代化、管理人性化、发展环保化的多功能产业园区。

（3）医养试验区

依托普者黑旅游度假区，统筹度假区六大功能区的湖泊、峰林、湿地、森林、温泉、生态农业等资源，加快康复疗养、养生养老、健康管理等产业集聚，规划建设康复养老、健康养生、中医诊疗、医疗培训、体育医院等功能片区。医养试验区将布局医疗后勤、医疗工程、医院管理、肿瘤治疗中心、医疗器械和设备、高端养老和护理、网络医院、医药管理等领域，引入医学院附属医院、中医学院等机构，全面布局试验区健康医疗产业。试验区将创新开展医疗、康复、养老三位一体的"医养结合"养老模式试点，实行养老、康复、诊疗、护理一站式服务，使老人足不出楼就能享受到"医养结合"模式的优质服务，把普者黑医养试验区建设成为医养结合示范基地。

（4）健康农业区

健康农业是采用环境友好型技术和循环农业技术进行无公害农产品、绿色食品和有机食品生产的农业发展形式。文山州在文山州农业"十三五"规划基础上，科学布局优质稻产业、茶叶产业、生态畜牧业、果蔬产业、中药材产业区域，力争"十三五"期间，完成国家级农业园区1个以上、省级农业园区10个以上、州级农业园区20个以上、县级农业园区30个以上。如托砚山现代农业示范区和广南粮食生产先进县等县市的优势，建设粮食高产增效生产区、水稻生态涵养区、生态健康养殖区、农副产品加工区及农副产品国际电子贸易（平台）中心和食品安全与健康功能评估中心，推进农副产品加工向精深加工、终端食品、保健食品转型。建设以农业生产为基础的健康农业发展和农副产品集聚区。

（二）农业 + 旅游

1. 产业发展基础

按照"产出高效、产品安全、资源节约、环境友好"发展要求，文山州已形成粮食以"八宝米"优质香软米为主，经济作物以辣椒、甘蔗、蔬菜、水果、茶叶、花卉为主，养殖北部牛羊多、南部家禽兴、全州生猪旺，水产西畴金线鲃、富宁罗非鱼的高原特色农业布局。粮食生产以广南县八宝贡米业有限责任公司、益康米业公司等企业为支撑。砚山稼依辣椒交易市场，是西南地区最大、全国有重要影响的辣椒交易集散地，年交易量 12 万吨左右。甘蔗以富宁永鑫糖业公司、文山英茂公司兴街糖厂、广南东糖公司等企业支撑。蔬菜无公害种植、IPM 技术、无土栽培技术的示范应用，正引领文山州蔬菜产业朝着绿色、生态、健康的方向发展。茶叶以广南凯鑫茶业公司、云南万道香茶业公司、麻栗坡平河国信茶叶公司等企业为支撑。花卉产业种植面积累计达 25.5 万亩，产值 5.9 亿元，综合总产值达 7.9 亿元。品种主要有万寿菊、薰衣草、食用玫瑰、石斛、药用三七、红花等。

2. 融合发展理念

以农业特色产业为基础，实施旅游 + 种植业、养殖业、渔业、林业、乡村等，衍生出农业公园、农业庄园、田园综合体等业态。

3. 旅游融合业态

（1）农业公园

农业公园是以农业景观、农产品及其生产过程、农业技术及其支撑设施、农业文化及其物化形态等为主要旅游吸引物，拥有园林化的农业生态景观、完善的旅游基础设施和较为完整的农业产业链条，农业与旅游服务业深度融合，具有游憩、观赏、环境保护等公园一般属性的新型农业旅游园区。农业公园是农旅结合的新业态，是休闲农业发展的高级形态，是农业园区与旅游景区融合的新产物，以健康定制化的农业产业、公园化的博览观光、生活方式的休闲度假为重要标志。国外比较典型的农业公园以日本神户市立农业公园、马来西亚沙巴农业公园为代表。神户农业公园以葡萄、葡萄酒、美食及农村风光为主要吸引物，沙巴公园最大的特色是植物种类十分丰富，尤其是公园拥有 1500 多种兰花，是东南亚种类最齐全的兰花中心。广南县八宝镇有"中国八宝贡米之乡"和"高原小桂林"称号，八宝米以香味浓、甘甜滋润、油脂芼、颗粒大、滑感强、形色美、成熟快、产量高八大优点而闻名，为明清两朝贡米。利用八宝稻作文化，以八宝米为主题，壮族文化为内涵，体现健康、休闲、创意理念，建立农业公园。此外还可建设文山万寿菊农业公园、砚山蔬菜农业公园、丘北辣椒农业公园、富宁油茶农业公园。

（2）农业庄园

农业庄园是以农业生产为基础，以先进经营理念和管理方式为支撑，依托特色自然、人文资源，拓展精深加工、农耕体验、旅游观光、休闲度假、健康养老、教育文化等多种功能，满足消费者多元化需求的一种新型农业发展模式。文山计划到 2020 年建成 100 个现代农业庄园。文山州高原特色农业优势突出，广南八宝米、丘北辣椒久负盛名，其他如甘蔗、蔬菜、茶叶、花卉等产业发展较快；同时，砚山县被列为"国家级现代农业示范区""云南省第一批高原特色农业示范县"。依托文山州农业发展基础，可以选择砚山县作为农业庄园试点县，建设一批主题鲜明、功能齐全、设施完善、效益显著的农业庄园经济带。如建设山红果葡萄庄园、砚山脆蜜李农业庄园、丘北普者黑玫瑰庄园、广南石山农场茶叶庄园、富宁罗非鱼庄园、西畴橘子庄园、麻栗坡石斛庄园、马关阿峨新寨草果庄园。

（3）田园综合体

田园综合体是以农业、农村用地为载体，融合"生产、生活、生态"功能，集农业全产业链目标的整合、农业科技体系的支撑、现代农业经营体系的优化于一身，多种类型的新型农业园区。是农村一、二、三产业融合、区域经济发展的新型复合载体，是一种新型的现代农业发展模式，是"六次产业"创新理念的一种新体现。依托文山州高原特色农业发展，重点抓好生产体系、产业体系、经营体系、生态体系、服务体系、运行体系六大支撑体系建设，满足产业、生活、景观、休闲、服务五大功能，将生态环境意境化、生产场景科学化、生活愿景休闲化。可在丘北舍得乡（万亩草场）、砚山阿舍乡（南国草原）、广南董堡乡（牡露村侬人谷）、富宁剥隘镇（坡芽村歌书）、麻栗坡董干镇（城寨村白倮人）、西畴鸡街乡（曼龙村花倮人）、西畴西洒镇（上果村女子太阳节）、马关马白镇（马洒村侬人古乐）等乡镇分别建立田园综合体试点。

（三）工业＋旅游

1. 产业发展基础

工业发挥着对文山州经济增长的主导作用。2016 年文山州实现全部工业增加值 168.15 亿元，同比增长 10.8%，拉动全州 GDP 增长 2.5 个百分点，对 GDP 增长的贡献率为 25.6%。规模以上工业实现增加值 140.21 亿元，同比增长 11.5%。工业产品产量稳步增长，其中，复烤烟叶产量 45773 吨，同比增长

25.2%；中成药产量 3783 吨，同比增长 21.9%；水泥产量 755.9 万吨，同比增长 17%；砖产量 33.3 亿块，同比增长 22.8%。文山铝业公司年产 80 万吨氧化铝、云南华联锌铟公司年采矿 210 万吨等一批重大工业项目建成投产，工业发展后劲不断增强。"十二五"以来，文山州加大工业园区发展力度，共有工业园区 10 个，其中州内园区 9 个、跨省合作园区 1 个。2016 年，全州园区完成工业总产值 415.3 亿元，较"十一五"末增长 5 倍；实现工业增加值 147.1 亿元，较"十一五"末增长 6.6 倍；实现利税 66.4 亿元，较"十一五"末增长 7 倍；园区工业增加值占全州工业增加值比重由 2010 年年底的 24.9% 提高到 84.5%；入园企业达 293 户，较"十一五"末增长 46.5%。工业园区已成为全州工业发展的重要平台。文山三七产业园区、马塘工业园区、砚山工业园区、丘北工业园区、百色—文山跨省经济合作园区等 10 个园区建设步伐加快，产业集聚发展条件进一步改善，文山三七产业园区被国家质监总局列为知名品牌示范区建设，被云南省政府列为省级高新技术产业开发区。

2. 融合发展理念

依据文山州工业发展实际扩展旅游功能。

3. 旅游融合业态

（1）三七工业园

以文山三七产业园区为载体，以三七系列产品生产工艺为核心吸引物，组织消费者参观工厂，展示规模化生产基地、规范化管理，取得消费者的认同和信赖，扩大品牌的影响力。消费者通过零距离体验，了解对产品材料选择和制作工艺的严格把关，体验优质产品的品质。让消费者多了解产品是正规企业生产的，体现工厂的实力、生产规模和管理优势，实现口对口宣传。生产工艺参观包含着"体验式消费"概念，把"体验式消费模式"作为企业的特色销售模式，拉开和所有品牌的差距，显示工厂在业内的领导地位。通过走进工厂，在现场造势，让消费者感受到活动气氛，认知企业的实力，促进现场成交。

（2）玩具卡通城

以砚山工业园区为载体，以玩具系列产品生产工艺为核心吸引物，以青少年游客为核心市场，打造云南省以玩具生产为主题的工业旅游项目。随着全球最大的玩具制造商、世界 500 强企业美泰玩具（香港）公司独资组建的云南美泰玩具有限公司落户砚山工业园区，年产 3300 万件玩具及服装加工项目在砚山工业园区正式投产，标志着文山州可开发新型的玩具工业旅游项目正式形成。项目以智趣童车为主打产品，孩子们最喜爱的童车就有运动童车、儿童学步车、儿童自行车、儿童三轮车、儿童电动车等数百种，由此可见市场规模之大，因此该项目对青少年消费者具有较强的吸引力。

（3）祖母绿之都

以麻栗坡祖母绿宝石奇石交易市场为载体，以祖母绿饰品设计、加工、展示、销售等为核心吸引物，打造"中国祖母绿之都"。祖母绿之都由原料展示交易中心、综合服务用房、科技工艺用房、标准化加工区构成，包含小型创意加工区和商务区组成，集生活、展示、交易、设计、创意、加工等功能于一体。建设成为云南省政府重点支持的珠宝产业项目，园区享有保税物流、保税加工、保税展示、保税出口、内销便利化等优惠政策。在政策扶持下，将构建国际祖母绿珠文化产业交流的窗口，形成文山州经济增长的新亮点，并有望成为云南省珠宝新名片。

（四）文化 + 旅游

1. 产业发展基础

"十二五"以来，文山州新建了州博物馆、州图书馆等一批标志性公共文化设施项目，国家级文保单位实现了"零"突破——广南县侬氏土司衙署、麻栗坡县大王岩岩画被公布为第七批全国重点文物保护单位，全州文化惠民演出活动共计2800场次。投入文化产业专项经费7951万元，重点扶持了广南地母文化、富宁低海拔体育训练基地、中国祖母绿宝石城、西畴县千之刺绣文化产业园区、钰福绒刺绣公司、博雅刺绣公司等重点项目。宝石资源得到开发，品牌得到打造，民族刺绣、银饰等特色民族民间工艺品深度开发和生产销售成效显著。未来，文化产业将按照"一园"（即三七文化创意产业园）、"两带"（即民族风情文化旅游带和彩色宝石旅游体验带）、"五产业"（即"金木土石布"）进行产业重点布局，力争实现文山州文化创意产业的跨越式发展。

2. 融合发展理念

文化是旅游的灵魂，旅游是文化的载体。让文化在旅游中得到传承与发展。

3. 旅游融合业态

按照旅游节奏动静结合原则，满足旅游者参与节庆、演艺、展览诉求，重点打造旅游节庆、旅游演艺、主题博物三种旅游业态。

（1）旅游节庆

旅游节庆在文山州有丰富的表现形式，具体有壮族"三月三"节、苗族

"闹兜阳"节、苗族花山节、普者黑花脸节、西畴壮族女子太阳节、小年节、三月节、牛王节、陇端节、尝新节、跳宫节、荞菜节、盘王节、皇姑节、瑶族度戒等，文山旅游节庆发展方向为特色化、市场化、群众化，改变过去政府官办、大包大揽、效益低下弊端，通过旅游节庆丰富群众生活、扩大地方影响、获得有效收益。

（2）旅游演艺

旅游演艺是以游客为主要观众受众，通常依托旅游区，综合运用歌舞、杂技、曲艺等艺术表现形式，以表现地域文化背景或民俗风情为主要内容的主题商业演艺活动，自20世纪80年代首次出现以来，2004年以后呈现快速增长态势，已形成"印象""山水盛典""千古情"三大系列，2015年全国旅游演艺观众4713万人次，较2014年增长31.2%，文山州先后创作了《鼓舞七乡》《彩山舞云》《坡芽歌书——爱情密码》《国旗下的老山》《老山颂》《寻梦世外桃源》等文化艺术精品，旅游演艺需要从受众需求入手，不求多但求精品，依托地方文化进行创意策划，做到市场化运作、企业化营销，避免走入赚吆喝、缺效益误区。

（3）主题博物馆

主题博物馆与传统博物馆相比，优势体现在主题化，以某项物品、事项为灵魂，如杭州刀剪剑博物馆、伞博物馆、扇博物馆，通过创意策划安排，改变博物馆只可远观不可亵玩的弊端，通过激发旅游者探索欲望，增长知识，认识地方，获得收益。主题博物馆可看成是特色文化与旅游经济的最佳结合点。根据文山州物产、文化禀赋状况，可发展三七、辣椒、香料、壮锦、土陶、刺绣、蜡染、铜鼓等主题博物馆系列，开发建设辣椒博物馆、句町文化博物馆、壮锦博物馆、陶器博物馆、三七博物馆、民族服饰（银饰）博物馆、香料博物馆、军事博物馆、彩宝博物馆、版画博物馆等。

（五）体育＋旅游

1. 产业发展基础

"十二五"期间，文山州以"七彩云南全民健身工程"为契机，建设"七彩云南全民健身工程""农民体育健身工程"项目578个，打造本土全民健身活动品牌"七彩云南全民健身示范活动文山城区元旦全民健身长跑（走）""七彩云南全民健身运动会文山城区五一气排球比赛"等全民健身品牌赛事，开展具有民族性、地域性的吹枪、射弩、陀螺等民族传统体育活动和篮球、足球、气排球、羽毛球等大众体育运动，积极推广老年人、妇女、青少年喜闻乐见的民族健身操（舞）、健身气功、气排球、太极拳等健身活动；文山市、富宁县被评为"全国气排球之乡"，广南县被评为"全国武术之乡""全国气排球之乡"；成功举办文山州第九届少数民族传统体育运动会、文山州第一届残疾人运动会。

2. 融合发展理念

旅游与体育结合能提升国民素质，体育因旅游而有鲜活感，旅游因体育而有节奏感，生命不息运动不止。

3. 旅游融合业态

按照人们顶天立地处世法则，满足旅游者参与水、陆、空项目诉求，重点打造自驾营地、低空飞行、水上运动三种旅游业态。

（1）自驾营地

截至 2015 年年底，我国高速公路总里程已经达到 11.7 万千米，位居世界第一，私家车拥有量超 1.24 亿辆，高速公路里程数及私家车保有量的增加，不断刺激着人们的自驾出游热情，自驾车营地建设是旅游供给侧改革的重要节点，同时也是全域旅游的现实抓手。根据《中国体育休闲（汽车）露营营地建设标准（试行）》，自驾车营地需满足露营需求，提供智慧化、人性化服务，文山州可考虑在山水林田资源富集区建设自驾营地主题系列，开发建设落水洞营地、舍得营地、八宝营地、归朝营地、剥隘营地、黑巴营地、老君山营地、香坪山营地、下金厂营地、古林箐营地等自驾车营地。

（2）低空飞行

低空飞行是依托通用航空运输及通用航空器所从事的旅游、娱乐和运动，根据《关于深化我国低空空域管理改革的意见》，"十三五"期间是低空空域开放的深化阶段，未来国内低空消费市场潜力巨大，低空旅游进入爆发前夜。文山州从气候、地形、风力等条件考虑，是云南省低空旅游发展的适宜区，需提前谋划，重点做好普者黑试点、基地建设、航线设计等工作，以后逐步向其他县市扩展、推广。文山州可建设 8 个低空飞行基地，即丘北普者黑热气球观光基地、广南坝美航空露营基地、文山老君山低空旅游基地、砚山直升机航空基地、西畴香坪山航空露营基地、马关古林箐滑翔基地、麻栗坡老山低空旅游基地、富宁水上飞机运动基地。开辟 3 条飞行线路，即北线：砚山—丘北—广南—富宁；中线：砚山—广南—富宁；南线：砚山—文山—马关—麻栗坡—西畴—富宁。

（3）水上运动

文山州资源本底为岩溶山水，具备开展水上运动潜力和基础。水上运动指全部过程或主要过程都是在水下、水面或水上进行的各种形式的体育比赛和活动，包括赛艇、帆板、滑水、皮划艇等。水上运动可依托普者黑国家旅游度假区、富宁高原低海拔训练基地、马关马鞍山湖、麻栗坡马鹿塘水库等资源开展专业训练与业余体验。根据旅游者参与度高低划分为专业表演项目、体育训练项目、业余体验项目，使旅游者在专业队员示范、引领下增强参与体育旅游的积极性。

（六）城建 + 旅游

1.城建发展基础

"十二五"以来，文山州城乡建设质量明显提高。文山市把盘龙河作为城市天际线的主骨架规划布局建设、"五网"建设作为天际线的血脉、东西两山公园规划建设彰显天际线的神韵、沿盘龙河布局标志性建筑作为主骨架上的音符，文山城天际线越来越突出。其他各县也高度重视县城天际线建设，成效不断显现，城区面积不断扩大，公共服务设施不断完善，地下综合管廊、海绵城市、智慧城市规划建设加快推进，城市功能不断完善、品位不断提升。全州县（市）城建成区面积从 100.6 平方千米增加到 130 平方千米，城镇常住人口从 106.3 万增加到 141.1 万，城镇化率从 30% 提高到 39%。提升城乡人居环境行动扎实推进，城乡绿化、亮化、美化水平不断提高，特色小镇、美丽乡村建设稳步实施，文山市被评为省级园林城市和省级文明城市，广南、富宁县城被评为省级文明县城，文山州获评全国重点镇 14 个、省级特色小镇 12 个、州级以上传统村落 140 个，城乡人居环境不断改善。

2.融合发展理念

城镇因旅游具有幸福感，筑小家顾大家，家村乡镇齐头并进。让旅游惠民才是真正的幸福产业。

3.旅游融合业态

按照小家大家皆兼顾，满足旅游者恋家、依村、访镇的心理诉求，重点打造旅游小镇、旅游名村、旅游庭院三种旅游业态。

（1）旅游小镇

旅游小镇是在旅游产业集群化发展与城镇化进程双重因素推动下产生的，旅游产业的"消费搬运"和"产业集聚"是旅游小镇形成的前提，"特色化"是旅游小镇建设的要点；"泛旅游产业整合"是旅游小镇发展的核心；2005年，《云南省人民政府关于加快旅游小镇开发建设的指导意见》发布，启动了60 个旅游小镇的建设发展工作，2016 年《云南省旅游产业"十三五"发展规划》提出把 60 个旅游小镇创建成旅游名镇，文山州可依据开发建设成熟度，选择一批引领性小镇做好先期试点，如双龙营小镇、坝美小镇、八宝小镇、剥隘小镇、归朝小镇、平远小镇、平坝小镇、兴街小镇、天保小镇、八寨小镇 10 个旅游小镇，作为文山州全域旅游的支点。

（2）旅游名村

根据《云南省全域旅游创建实施方案》，"十三五"期间将实施 650 个旅游名村创建工程，包括 300 个民族旅游特色村寨，250 个旅游传统村落和 100 个建档立卡旅游扶贫村，旅游名村建设应依托当地旅游资源，突出乡土特色，改善接待环境，成立旅游合作社，让旅游者的"乡愁、思绪"可以安放。文山州在广南牧露村、西畴上果村、富宁坡芽村、马关阿峨新寨、麻栗坡城镇村等旅游名村建设中加快步伐，打造双龙营镇仙人洞村、董堡乡牧露村、者兔乡马碧村、剥隘镇坡芽村、阿舍乡黑巴村、卧龙街镇龙潭寨村、西洒镇上果村、董干镇城寨村、仁和镇阿峨新寨村、马白镇马洒村 10 个旅游名村。

（3）旅游庭院

庭院是城市旅游、乡村旅游的基本载体，是个人家庭开展旅游经营活动的物质凭借。庭院旅游改变了现有农家乐住宿或食宿功能，使之朝着食宿游综合化功能转化，是农家乐真正走向民宿、转型升级、供给侧改革的微观模式，文山州普者黑仙人洞村经过 2014 年以来的民居改造，已初步具备庭院旅游的雏形，但离各具特色、百花齐放的庭院旅游仍有差距，未来庭院旅游应朝着"一院一品、一院一主题"方向发展，使普者黑山水度假环境因庭院而增色，乡村旅游因庭院升级。文山州可开发建设历史古建庭院、山水景观庭院、民族建筑庭院、农业观光庭院、艺术创作庭院五个序列，代表如马关八寨老宅庭院、丘北菜花箐桃花庭院、丘北双龙营撒尼庭院、麻栗坡下金厂兰花庭院、砚山江那土陶庭院等。

（七）国土 + 旅游

1. 基础资源状况

文山州位于云南省东南部，东与广西百色接壤，南与越南交界，西与红河毗邻，北与曲靖相依，总面积 31456 平方千米。国境线长 438 千米。1992 年 12 月云南省在文山州召开战后恢复生产发展经济现场办公会，同年国务院批准文山 8 县对外国人开放，1993 年 2 月批准天保口岸为国家一类开放口岸，之后又批准田蓬为国家二类开放口岸，2006 年国家将都龙口岸作为新开口岸列入国家"十一五"口岸发展规划。文山州地处低纬高原，地貌上以山地高原地貌为主，岩溶丘原地貌控制着全州大部，岩溶地貌占 53.4%，峰林、峰丛、孤峰密布，溶洞、暗河、洼地发育，著名者有普者黑溶洞群、文山柳井溶洞、广南峰岩洞、汤那溶洞、富宁清华洞、麻栗坡清凉洞、西畴岔街溶洞群等；境内无大型、较大型湖泊，但天然岩溶中小型湖泊星罗棋布，总数上千，较大者有普者黑湖、差黑海等。

2. 融合发展理念

国土因旅游而亲切感，走读边境、探秘溶洞、品味湖光。

3. 旅游融合业态

（1）边境旅游

2013 年，国家主席习近平在出访中亚和东南亚国家期间，先后提出共建"丝绸之路经济带"和"21 世纪海上丝绸之路"（简称"一带一路"）的重大倡议，得到国际社会高度关注。2015 年 3 月 28 日，国家发改委、外交部和商务部联合发布了《推动共建丝绸之路经济带和 21 世纪海上丝绸之路的愿景与行动》宣告"一带一路"进入了全面推进阶段。"一带一路"愿景与行动提出要加强旅游合作，提高沿线各国游客签证便利化水平，为边境旅游大发展提供广阔空间。未来边境旅游应在两个方面进行转向提升：一方面，产品开发从浅层"口岸购物"旅游向"边境城市"旅游的提升。新阶段边境城市应成为边境旅游最大和最核心的旅游产品。因此，边境城市要加快城市建设发展，不断完善城市功能和规划布局；完善城市市政配套设施和旅游服务基础设施，提高城市旅游接待水平；建设边境跨境旅游目的地和旅游集散地；提升城市文化内涵，塑造城市个性；提高边境双语或者多语种教育和应用水平，建设宜商、宜旅、宜居的边境国际化口岸城市。此外，边境城市建设中还要规划建设"特色休闲购物街区"和"免税商店"。另一方面，线路设计从"边境景点串联"到"边境与内陆纵深"的提升。边境旅游最大卖点是"跨境"，是由"一个国家的（精品景区＋边境城市）＋另外一个（多个）国家（精品景区＋边境城市）"组合。作为重要的"中转站"和"大本营"，边境城市扮演着跨境旅游重要集散地和目的地的角色，而内陆精品景区则成为整个线路旅游重要组成部分，拓展延伸线路，向两国内地延展。做好旅游景区（点）合作建设，推出共同的旅游产品，突出地方特色，培育旅游精品，打造国际级旅游目的地品牌，建立产品体系。

文山州边境旅游规划思路：

A. 通关便利化。从省级层面与越南相关省份签订旅游合作协议，定期或者不定期进行会晤，就双方跨境旅游合作的相关问题进行沟通交流，达成共识，促进双方出入境旅游的快速发展；提高联检部门的联合办事效率，简化旅游证件办证验证手续，提高办证验证效率，提高游客通关的速度，提供畅通的旅游出入境通道，缩短游客在口岸滞留的时间。

B.扩大出境点。抓住国发〔2014〕31号关于"取消边境旅游项目审批，将旅行社经营边境游资格审批和外商投资旅行社业务许可下放至省级旅游部门"政策契机，向省旅发委提出新开田蓬、都龙边境旅游项目申请；与红河州协调开通河口—天保跨境旅游环线。

C.提升旅游线。在经营好麻栗坡天保—越南河江2日游和越南河江—麻栗坡—文山—普者黑等多日游线路基础上，申请开通天保—清水河—越南河江—宣光—富寿—永福—河内—海防—广宁（下龙湾）7晚8日游和麻栗坡—天保—河江—北光—宣光—太原—北干—河内—下龙湾—吉婆岛—河内—越池—安沛—老街—河口—普者黑—麻栗坡旅游环线。

D.申报边境旅游试验区。以天保口岸边境经济合作区建设为契机，积极争取边境旅游项目，建设麻栗坡国家级边境旅游试验区。

（2）洞穴旅游

审视世界溶洞旅游发展的历程，可以发现：第一，主题创意是溶洞旅游产生的重要推动力量。正是有了发现的眼光和创意的视角，沉睡多年的溶洞才重见天日并被作为旅游景观进行开发；第二，主题创意极大地影响着溶洞的旅游特色和经营状况。在后天因素中，创意是塑造溶洞景观差异、活动项目、服务特色、品牌价值的关键力量，是决定旅游人次和收入的最重要因素；第三，主题创意改变了溶洞旅游开发规律。根据传统的观点，在同一地域上出现多个溶洞时，只能选择其中最有价值的一个开发；但是，如果有了合适的创意，其他的溶洞也可以通过特色发展和差异竞争而寻找到自己的生态位，获得充足的发展空间，如沂水地下萤光湖。

文山州溶洞旅游创意开发可从三个方面进行：生态、文化、科技。

一是生态创意。主要是指溶洞内外独特的生态环境，即利用作为自然生态环境要素的水（水文）、土（土壤）、气（气候）、生（生物）及其伴随现象与人类的关系等，作为这类溶洞开发的自然本底，打造自然生态型溶洞。

二是文化创意。主要指溶洞及其周边的历史文化背景，即利用相关的历史文化（包括早期人类活动、历史事件、文物遗迹等）、民族文化（即溶洞所在地少数民族的特异风情与习俗）、地域文化（指主要分布于溶洞所在地的文化现象），为溶洞旅游创意提供丰富的素材，打造内涵丰富、形式多样的历史文化型溶洞。

三是科技创意。主要指应用全新科技手段和现代表现手法，即利用声光电等科技展示和表演技术，创意开发动漫故事、生命演化、科技文明等为主题的系列溶洞，打造科技创意型溶洞。

文山州溶洞旅游开发可供借鉴的主题包括：洞藏主题、鱼虾主题、神话主题、佛教主题、道教主题、民族主题、养生主题、飞鸟主题、歌舞主题、餐饮主题、考古主题、古国主题、科技主题、生命主题、探险主题等。

以普者黑为例说明溶洞的主题创意开发。普者黑溶洞分布广泛，现实条件决定其开发不可遍地开花，需要有选择地重点开发。

A.白玉六郎洞——科技溶洞。开发现状：洞长 2~3 千米，贯穿九连山，出口处位于水围寺附近，1998—2001 年间进行过简易开发。开发思路：利用光纤技术、虚拟实景、图像识别、干燥除湿、动感技术、计算机编程控制和舞台声光技术等众多专业技术，围绕着探索地球奥秘的主题，穿越时空，漫游亿万年前地球上发生的情景，演绎出"宇宙和地球""海洋大世界""生命的火焰""三叠纪怪兽""侏罗纪公园""与野兽同行"和"和谐大自然"七幕跨越地球历史长河的生动剧目。

B.火把洞——萤光溶洞。开发现状：洞长约 1 千米，洞中有多处厅堂、清潭，有岔洞与月亮洞相连，洞内已部分开发。开发思路：利用星空投影技术，以十二星座为主题，将十二个厅堂布置为十二星象文化展示空间，安排星座运程预测、星象书籍销售、星象爱情告白、星座造像留念等活动。

C.月亮洞——爱情主题溶洞。开发现状：主洞长 483 米，其中水路（可行小船）长 184 米，200 米处形成了一直径约 10 米的近圆形大厅，沿构成洞顶的一组岩层面沉淀形成了一圆形盖板，似十五的月亮挂在上方。开发思路：月亮之于人美好的联想，月亮代表着光明、思念、纯洁。结合普者黑的彝族文化，将月亮洞打造成为彝族文化展示洞，尤其是彝族服饰文化展示。考虑以彝族服饰文化为主题，打造彝族洞中服饰展演厅，每年固定日期举办中国彝族服饰靓装节，统筹彝族服饰设计、展演、销售各个环节，推动彝族服饰文化大放异彩，使人们知美、识美、爱美。

D.响水洞——萤火虫溶洞。开发现状：位于八道哨响水村后，洞前有两条小瀑布，响水洞从高到低由三个洞组成，洞内遍布奇形怪状的钟乳石，洞内空间较大，目前尚未进行开发。开发思路：以新西兰怀托摩萤火虫洞为参考，与国内著名科研院所合作，合理调试溶洞温度、湿度、通风、光线等条件，营造适宜萤火虫繁殖、生长的自然环境。

E.观音洞——宗教溶洞。开发现状：洞长约 500 米，洞内有宽敞的大厅，面积为 600 平方米，大厅四周分别为 9 个不同长度的溶洞，与月亮洞、火把洞相连。现雕有 2000 余件形态各异的观音雕像，被称为"东南亚最大的观音洞"。开发思路：以观音文化为主题，继续拓展观音造像艺术，安排观音艺术品现场制作、千手观音演艺、水幕观音场景塑造、观音博爱文化传经、观音造像请奉等活动，以宗教文化氛围促人向善、改过、自新。

F. 神怡洞——动漫溶洞。开发现状：位于双龙营镇红署山东北 760 米处。洞体大致呈南北向展布，总长 187 米，宽 3.5~7 米不等，高 4~8 米，洞底长年有水，水面宽 2~15 米，水深 1.5~4 米，可通行小船。洞内次生碳酸钙，景观饱满，以石幔、石钟乳、石柱为主，景观多集中于洞壁东侧，局部地段景观集中，笋乳相吻，石柱林立。开发思路：以电子游戏为主题，以某款热销游戏为蓝本，采取与游戏制作公司合作的方式，建造电子游戏主题溶洞，可采用的 RPG 游戏有《仙剑奇侠传》（东方文化）、《剑侠情缘》（东方文化）、《幻想三国志》（东方文化）、《轩辕剑 3 云和山的彼端》（东西方文化）、《暗黑》（西方文化）、《地下城守护者》（西方文化）、《魔兽世界》（西方文化），主要吸引游客的卖点有实境打怪、洞穴挖宝、向宝物商人买装备饰品。目标市场锁定为骨灰级游戏玩家。

（3）亲水旅游

文山州有小型季节性湖泊近千个，天然湖泊水 16.91 平方千米，较大的有普者黑、海子边、差黑海等。全州有各类水面面积 107.8 平方千米，占全州面积的 0.35%。全州共建成水库 211 座［其中中型 9 座，小（1）型 38 座，小（2）型 164 座］，小坝塘 788 座，总库容 3.91 亿立方米。

运用"水圈分层次游憩及景观设计"技术分析文山州洼塘资源。把水体按照圈层进行分层，主要由"水心""水面""水中""水空""水滩""水岸""滨水区"七层构成。

"水心"以自然岛屿、沙洲、人造建筑等为核心，成为水体中的核心标识系统和游憩目的地。其休闲模式包括：茶室、酒吧等休闲场所；小品、建筑等景观标志；生存岛项目、自然生态岛、魔幻岛、仙岛、动物岛等主题游乐岛屿。

"水面"以船、筏等为交通及游憩工具，以漂浮结构形成大地艺术景观。其休闲模式包括：滑水、船艇、竹筏、帆板、冲浪、激流勇进、漂流、水上充气游乐设施等；在漂浮物上进行饮茶、听琴、钓鱼等休闲活动；以及浪漫碟屋、漂浮结构的景观小品等。

"水中"或"水下"是一个新的世界，可以潜水、游泳、戏水，也可以建设水下世界——水宫（新海洋馆模式）。水中休闲模式包括：游泳、水球、滑道、滑梯、水上篮球、水喷淋系列游乐项目；水休闲浴、水上席梦思等水中休闲项目。水下休闲模式包括：潜水、游乐潜艇、水下餐厅、水下城堡、水下长廊、水下观赏通道、海洋馆等。

"水空"是水面上的空间，可以创造凌空游乐的广泛内容，包括水上飞机、水上热气球、水上平台、水上空中花园，水上伞翼、索道等游乐项目；桥、水上平台、水上小屋、水上空中花园等景观小品；水上花园中茶室、酒吧等休闲项目。

"水滩"是水岸边浅水区域，为亲水戏水区，也是水休闲最重要的区域，是水景制造最有价值的区域。可以使用水榭、船屋等，打造水上园林、沙滩球类（排球、足球、橄榄球、网球）、沙滩风筝、沙滩田径、陀螺、沙滩运动车、沙滩极限运动、沙滩拔河、沙滩定向越野、海滩舞蹈、沙滩趣味活动、飞天蹦极、高空弹射等游乐场项目；沙雕艺术、沙滩钓鱼、日光浴、散步、沙滩浴、泥浴等休闲项目；船屋、水榭、栈桥等滨水建筑小品。

"水岸"是近邻水体的陆地，也是护堤区域，可以形成生态堤、艺术堤、水岸花园、滨水花园、滨水道路景观、水乡水城建筑体系等多种景观。

"滨水区"是可以看到水体的岸上区域，是室内游乐、陆地游乐的区域。可建设游乐场设施、大型室内水上乐园、主题度假村、会议酒店、原生态水乡、洗浴保健、旅游房地产、滨水园林等。

结合文山州岩溶山水地貌，洼塘旅游开发内容包括：

A. 水心项目：在水中岛屿上修建酒吧、茶室、建筑小品等，打造主题岛屿系列。如普者黑景区的摆龙湖盆景小岛。

B. 水面项目：以船、筏等水上交通工具为载体，开发滑水、冲浪、帆板、皮划艇、游艇、独木舟等水上体育项目；还可开发水上表演、水幕电影等观光项目。如在驮娘江开发水上皮划艇训练、比赛。

C. 水中项目：水中可开发游泳、水球、滑道、滑梯、水上篮球、水喷淋系列游乐项目。如在普者黑阿鲁白修建欢乐水世界。

D. 水空项目：可开发水上飞机、水上热气球、水上伞翼、水上索道等游乐项目。如在驮娘江库区开展水上飞机项目。

E. 水岸项目：可开发生态步道、水乡建筑、观光湿地、野营垂钓等项目。如在麻栗坡马鹿塘水库、丘北云鹏电站水库、富宁架街水库开展野营垂钓。

F. 水区项目：可开发游乐场、主题酒店、生态水乡、旅游房地产等项目。如在普者黑九连山片区修建养生度假酒店。

十、全境共享服务

（一）旅游集散

1. 规划思路

旅游集散中心是旅游者的集聚地和辐射中心，同时也是旅游接待中心和旅游服务中心。结合全州旅游资源分布特点和旅游业发展水平，按照"多层次、多节点、多功能、网络化、便利化、景观化"的基本原则，依托交通路线和信息技术，构建文山州的三级旅游集散服务体系，以实现旅游出行的无缝对接。具体规划思路如下：

（1）在全州范围内规划建设"5+3+12"三级游客服务中心（站、点）构成的旅游集散体系，即5个一级游客服务中心（文山、丘北、广南、富宁、麻栗坡），3个二级游客服务站（砚山、西畴、马关），12个三级游客服务点（重点景区、旅游小镇），由此形成多层次、多节点、网络化的格局。

（2）各个游客服务中心（站、点）设备先进、功能齐全，通过加强智慧旅游建设，比较大的游客服务中心（站）要能够方便快捷地为游客提供咨询、投诉、教育、休息、购物等多方面的服务。

（3）在各个游客服务中心（站、点）以及连接它们之间的通道实施景观化建设或改造，在满足游客便利化需求的同时，通过绿色廊道、景观小品等多种形式让游客处处都能够体验到旅游的乐趣。

2. 规划要求

（1）一级游客服务中心

作为文山州旅游的主要集散地，一级游客服务中心既是交通换乘中心，也是旅游咨询中心、票务中心、餐饮购物中心以及宣传展示中心，并建有相应的停车场。它既为外来游客服务，也能够满足当地居民日常生活需要。

（2）二级游客服务站

游客服务站，承接一级游客服务中心向周边地区分流的游客，并提供旅游信息咨询及接待服务。主要设施包括旅游咨询点、票务点、餐饮购物点、交通换乘点、宣传展示点、停车场，能够为游客提供基本的公共服务。

（3）三级游客服务点

游客服务点根据实际需要依托主要旅游区进行建设，能够满足游客在旅游咨询、票务、交通换乘、停车等方面的基本需要。

3.规划布局

文山州三级旅游集散服务体系的规划布局如表1–23所示。

表1–23　文山州三级旅游集散中心布局

集散中心	所在区域	布局依据
一级游客服务中心	文山市	依托全州政治经济文化中心及通往各县的公路网
	丘北县	依托云桂铁路及311、240省道
	广南县	依托云桂铁路及G80高速公路（323国道）、253省道
	富宁县	依托县城及云桂铁路、G80高速公路（323国道）
	麻栗坡县	依托天保口岸及246国道
二级游客服务站	砚山县	依托县城及G80高速公路（323国道）、242省道
	西畴县	依托县城及246国道、242省道
	马关县	依托县城及248国道、242省道
三级游客服务点	普者黑、舍得、老君山、坝美、八宝、香坪山、城寨、老山、古林箐、博爱镇、剥隘镇、维摩乡	依托主要景区和旅游小镇

（二）智慧旅游

1.发展现状

当前，我国很多城市和景区都在努力打造智慧旅游新名片，但名副其实者甚少。文山州现已推出"今日游·智慧包"旅游应用，但由于受资金、人才等因素的影响，存在功能不够完善、用户量偏少等诸多问题。普者黑、坝美等知名景区虽然与去哪儿、携程等OTA企业有合作，但只能算智慧旅游体系中的一个小环节，而文山州的景区、酒店、交通等旅游产业重要部门还未推进智慧平台建设，政府也尚未将其纳入旅游产业体系中。因此在这样的大环境下，文山州有必要建设智慧旅游系统，从而提升全州的旅游竞争力，促进旅游产业大发展。

2.规划思路

针对旅游产业发展现状，文山州应围绕旅游者、企业、政府三大主体，根据每一主体在旅游前、旅游中、旅游后三阶段主要承担的责任，规划建设一个功能齐全、分工明确的智慧旅游系统（见图1–29）。

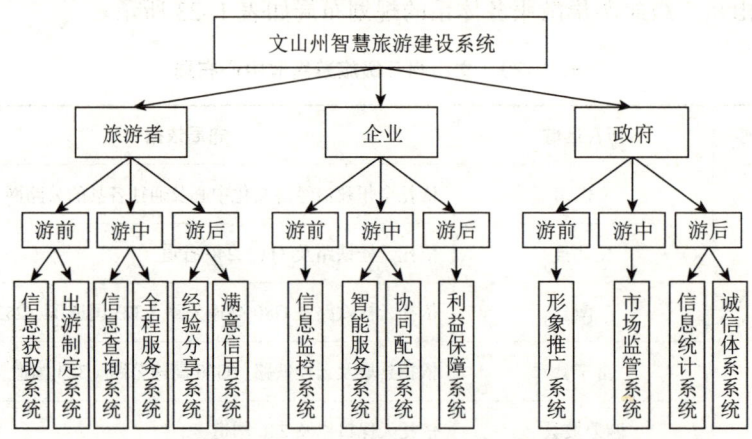

图1–29　文山州智慧旅游建设系统

（1）旅游者系统

旅游者系统包括旅游前的信息获取系统、出游制定系统，旅游中的信息查询系统、全程服务系统，旅游后的经验分享系统、满意信用系统。旅游前的信息获取系统是为方便旅游者及时、快捷地获取文山州的旅游信息；出游制定系统可以在信息获取完成之后，制定旅游者出游文山州的旅游线路，方便旅游者游玩。旅游中的信息查询系统主要是应对旅游者出现突发情况、临时更改线路等；全程服务系统主要是满足旅游者及时、快捷查询吃、住、行、游、购、娱等方面。旅游后的经验分享系统主要满足旅游者撰写游记、分享文山州旅游攻略等，这既可以丰富潜在旅游者的信息查阅，又可以满足文山州旅游企业、政府查询旅游发展状况；满意信用系统主要实现旅游者对文山州旅游满意度调查，建立旅游者信用评价等级，可以及时改正文山州旅游发展问题，了解文山州旅游者整体质量水平、旅游偏好等。

（2）企业系统

企业系统包括旅游前的信息监控系统，旅游中的智能服务系统、协同配合系统，旅游后的利益保障系统。旅游前的监控系统是为了监控旅游者相关信息，包括旅游产品推广、旅游信息发布等，让旅游者及时、快捷地了解到所需信息。旅游中的智能服务系统主要是利用技术手段为旅游者提供智慧化服务，使旅游者享受轻松、愉悦的旅游体验；协同配合系统主要解决旅游产业综合性较强等问题，旅游者出现任何突发状况企业可以进行及时、配合处理，提高旅游者满意度。旅游后的利益保障系统主要为解决旅游者出现的不满意行为，如购买产品质量问题等。

（3）政府系统

政府系统包括旅游前的形象推广系统，旅游中的市场监管系统，旅游后的信息统计系统、诚信体系系统。旅游前的形象推广系统主要是指政府部门采用整合营销的方式，将文山州旅游产品进行旅游宣传，以吸引更多的旅游者。旅游中的市场监管系统主要是监管旅游过程中出现的欺诈、拐骗、交通状况等问题。旅游后的信息统计系统主要是统计旅游收入、旅游人次等相关指标，动态监测文山州旅游产业发展状况；诚信体系系统主要是监测旅游企业、导游等信用状况，对其进行有效的管理。

3. 建设重点

（1）建设旅游大数据中心

以旅游大数据中心建设为抓手，大力推进全域旅游公共数据的整合共享，引导和服务文山州旅游大数据发展及其在旅游规划、开发、管理中的应用，以构建数据完备的旅游大数据资源体系、建立供需平衡的旅游市场新生态、开启精细运营的旅游经营新模式、打造无微不至的旅游服务新体验。

（2）实施重要节点 Wi-Fi 覆盖工程

在游客服务中心（站、点）、主要景区景点、旅游村镇等游客比较集中的区域实施 Wi-Fi 覆盖工程，供游客免费使用，并在各 Wi-Fi 提示处附上旅游区的二维码。通过使用手机，游客可自行进行旅游信息获取、旅游计划决策、旅游产品预订支付、景区自助导览、享受旅游和回顾评价等旅游活动。

（3）推进智慧旅游政务管理

完善电子政务办公系统，提高自动化办公 OA 系统等旅游信息化管理水平。逐步健全游客信息分析、旅游统计、旅游培训、旅游执法等电子平台。整合优化文山州旅游微信、微博、旅游网、旅游政务网等宣传服务平台，做到信息及时互通，提高旅游政务的信息发布、互动交流和便民服务水平。

（4）建设旅游目的地营销平台

顺应自驾、自助游发展新趋势以及"互联网＋目的地"发展新要求，立足于为游客提供便捷服务，大力推进文山州旅游目的地营销平台建设。

（5）推进"一部手机游云南"工程

根据云南省委、省政府的战略部署，以实现所有旅游要素信息接入"一部手机游云南"系统为建设目标，切实推动文山各行业数字化建设和提升改造，有效开发应用旅游要素企业、公共服务领域和第三方平台的数据信息，进一步完善旅游数字化发展配套基础设施，积极构建数据信息最全面、交易服务最方便、监督管理最权威的大数据资源,充分满足广大游客自由自在的旅游体验,努力实现政府部门无处不在的管理服务。

(三)旅游厕所

1.规划思路

根据原国家旅游局 2015 年发布的《旅游厕所建设管理指南》和新修订的国家标准《旅游厕所质量等级的划分与评定》(GB/T 18973—2016)进行旅游厕所建设,将旅游厕所建设情况与各景区(点)的质量等级评定结合,要求各景区必须严格按照《旅游厕所建设管理指南》进行建设布局,最低标准是与景区等级挂钩,鼓励景区建设 AAA 级厕所,力争在 2025 年之前建成 30 座 AAA 级旅游厕所,100 座 AA 级旅游厕所,200 座 A 级旅游厕所。

2.重要举措

(1)推进旅游厕所建设工程

A.建设提升工程。各地要对照《旅游厕所质量等级的划分与评定》(GB/T 18973—2016)标准和各地实际,宜改则改、宜建则建,做到旅游厕所布局合理、数量充足、符合标准。一是突出重点,推进热点、重点区域旅游厕所的建设改造。在厕所建设改造过程中,特别要注重人文关怀,从主要景区开始,推广建设"第三卫生间"(家庭卫生间),并结合文山州旅游实际创新打造"第三空间更衣室",以便有效解决部分特殊游客的如厕更衣问题。二是示范推动,在全州打造 50 座新建旅游示范厕所,50 座改建旅游示范厕所,以此来引领厕所革命的方向,推动旅游厕所全面实现提档升级。三是全面推进。各地、各部门统筹协调,各司其职,全面推进各类旅游景区、乡村旅游点、旅游线路、交通集散点、旅游餐馆、旅游娱乐购物场所、休闲步行区旅游厕所的建设改造,优化旅游厕所环境,提升旅游形象。

B.技术革新工程。一是在旅游厕所建设过程中,各级旅游部门要加强对旅游厕所标准的宣传和推广,引导各地各单位对标建设。同时,旅游厕所建设要坚持"因地制宜、环保实用"原则,倡导节约环保、就地取材,积极采用节水、节能、除臭等新技术、新材料,力争做到与周围环境和谐统一,建设生态环保、实用美观的旅游厕所。二是积极推进智慧旅游厕所工程,在智慧旅游、自助导游手机 APP 软件和旅游网站上要融入旅游厕所便民指南,有效解决寻厕难问题。

C.文化创意工程。将文化创意和设计与旅游厕所有机结合,旅游厕所外观和内饰要突出特色化、艺术化,功能设施要注重人性化、科学化。建筑设计方案力求体现地方特色、文化品位和人文关怀，各地要积极组织和鼓励社会各界参与旅游厕所设计大赛，努力提高旅游厕所设计水平。

（2）探索旅游厕所管理模式

坚持以"建管并举，重在管理"的理念推进旅游厕所建设管理工作，是旅游厕所革命取得成功的重要保障。要在坚持公共性、公益性的基础上，积极探索个性化、市场化、社会化的建设管理机制，创新"以商管厕、以商养厕"管理模式，倡导向社会购买服务。一是景区景点内的厕所，可与景区内的经营服务项目结合；二是在街道等公共场所的厕所，可与商铺、摊位、广告运营等有机结合；三是更大范围的城市厕所建设管理，可以采取公私合营等市场化模式。政府统筹规划布点并提供土地、资金、税收等相应配套政策，由专业化、集团化、连锁经营的厕所管理公司、保洁公司和社会团体参与建设管理，共同推进旅游厕所工作。

（3）建立旅游厕所督查机制

一是建立专业监督检查队伍，定期对各地新建和改扩建旅游厕所建设管理情况进行抽查，向各地政府通报检查结果，调动各地旅游厕所项目建设和提升的积极性。二是通过线上微信、线下问卷等调查形式，开展游客满意度调查和"游客最满意旅游厕所""最美旅游厕所"等评选活动，每季度一次向社会公众通报各地旅游厕所建设改造情况和游客满意度调查结果。

（四）休闲步道

1. 规划目的

休闲步道是以步行为主要方式、以户外休闲与旅游体验为目的的通道，部分路段兼容骑行等户外休闲和特色旅游交通方式。建设休闲步道可以说是文山州落实《国民旅游休闲纲要》、丰富本地区健康旅游产品、积极推进健康生活的重要举措。具体而言，文山州休闲步道的规划目的主要包括：

（1）落实国务院于2013年出台的《国民旅游休闲纲要（2013—2020年）》，丰富文山州的健康旅游产品；

（2）增加文山州户外休闲游憩空间，提升居民的健康水平和幸福指数；

（3）整合现有步道相关项目，构建完整的文山州休闲步道体系；

（4）按高标准规划建设，将休闲步道打造成文山州旅游健康生活的新名片。

2. 建设重点

根据依托的自然环境和资源条件，文山州可对以下4种类型的休闲步道进行重点规划建设。

（1）登山步道：依托老君山、九龙山、老山、香坪山、盘龙山、西华山等山地资源，为居民和游客打造户外休闲运动、登山健身和深度旅游体验空间。

（2）亲水步道：依托普者黑湖、仙人洞湖、君龙湖、听湖、盘龙河、公革河、南盘江等水域资源，为居民和游客打造亲水游憩、滨水休闲空间。

（3）田园步道：依托千亩杜鹃园、老山林场兰花园、黑巴草场、舍得草场等花卉种植园和草场以及众多有特色的乡村地区，为居民和游客提供体验田园风光、民族文化、乡间野趣的特色空间。

（4）连接步道：为实现步道系统的连续性和完整性，在保障道路正常通行的前提下，通过连接或借用低等级的城乡道路、市级绿道，打造具有连通性的休闲步道，形成步道环线。

3. 建设要求

休闲步道的建设要求可将《国家登山健身步道标准》作为参考，在建设过程中应遵循难度适宜、人文关怀、保障安全、因势利导、融入环境等基本原则，在路面、坡度、材质等方面符合相关标准，并配套建设休息站、露营地、接待站、标识系统和安全系统。

（五）标识系统

1. 规划思路

在整个文山州建立并逐步完善使用规范、布局合理、指向清晰、内容完整的旅游标识标牌引导系统，旅游相关活动场所要规范使用符合国家标准的公共信息图形符号。与此同时，旅游标识标牌引导系统的设计应体现为标准化、全域化和特色化。

2. 建设要求

（1）道路标识系统

道路标识系统的建设要求，一是在高速公路出入口、文山市区及各县城主要道路设立宣传文山州全域旅游的广告标牌与道路指示牌。二是一级旅游集散中心拥有全域旅游图解标识系统，能够提供全域旅游地图，方便游客尤其是自驾游游客进行自助游线路设计；二级旅游集散中心以周边景区导览为主，辅之以简单的全域旅游说明；各级旅游集散中心所在地道路出入必须设置标识牌。三是各级道路必须设置明确的景区方向指示牌。指示牌内容包括景区名称、距离千米数、方向等基本内容，在条件允许的情况下配置景区宣传图。旅游公路沿线必须设置明确的指示牌，提醒游客各目的地方向、距离、开放时间以及旅游厕所、加油站、服务区等位置。

（2）景区标识系统

景区标识系统建设包括指示系统和警示系统两部分。指示系统用以提示游客景区游览线路及主要景点、服务设施，主要包括景区导览图、旅游景观节点解说牌以及旅游厕所、游客服务中心、停车场、医疗卫生中心等服务设施的位置导向。警示系统用以提醒游客旅游安全及文明旅游。在符合相关国家标准的基础上，各种旅游引导标识造型力求突出地方特色，具有浓厚的艺术感和文化气息，并与整体环境相协调。

（六）旅游安全

1. 规划思路

安全生产是旅游业发展的基础和底线，事关整个文山州经济社会发展及和谐稳定大局，因此必须高度重视。从文山州的实际情况来看，旅游安全主要涉及防火安全、救护安全、治安安全、游览安全等几方面。为保障游客生命和财产安全，必须在完善旅游安全标识、建设旅游安全机制、完善旅游保险体系等方面下功夫。

2. 建设重点

（1）完善旅游安全标识

旅游区（点）应当设置界限标志、服务设施和游览导向标志等。对具有一定危险性和可能危及旅游者人身、财产安全的旅游区（点）或者项目，旅游经营者应当向旅游者做出真实的说明和明确的警示，并设置有效的安全防护设施；客运架空索道、缆车、漂流、大型游乐场等旅游项目，其设备、设施应当经国家认可的检测机构检测合格，保持安全运行状态，并具备必要的安全保障措施。同时，在旅游从业人员中普及安全知识，提高防范技能。

（2）建设旅游安全机制

A. 构建旅游安全预防体系。一是建立以救援中心、110、119、120、旅游投诉电话联动的"旅游安全救援报警系统"，负责接收和传递游客求救信息。二是探索建立由公安、交警、卫生、外事、民航、铁路、医院、保险公司和旅游企业等相关部门和单位联合组成的"旅游安全紧急救援中心"，具体负责组织实施旅游安全救援工作和旅游安全救援的善后处理等工作。

B. 加强危机的预警机制建设。制定各类危机事件的预案，并进行必要的各类危机处理演习或演练，提高处理这些危机事件的应急能力。

C.建立旅游紧急救援和事故应急处理制度。各乡镇应设立旅游事故应急处理小组并由政府主要领导担任组长。应急处理小组应制定不同级别的旅游事故处理预案，以应对各种突发性旅游事故。发生旅游事故时，旅游经营者应当及时采取救护措施，并向应急处理小组报告。应急处理小组应按照预案组织旅游、公安、医疗等有关职能部门参与救援。进一步完善医疗急救中心的服务，通过各种途径公布医疗急救中心的电话，实行24小时服务接待。文山市及各县主要旅游区均应设立医疗救护点，重点景区设立设备较完善的医疗救护点。

（3）完善旅游保险体系

积极与各保险公司合作，共同完善旅游保险体系，拓展旅游保险业务，既强化相关旅游活动者的安全意识，也使突发安全事件有明确的利益补偿来源。

（七）旅游服务

1.规划思路

把进一步提升公共服务水平作为营造文山州旅游环境的一项重要任务，以旅游服务配套穿针引线，探索主客共享的无障碍、人性化旅游服务模式，并着重推出一系列便民惠民的旅游服务新举措。

2.重要举措

（1）推进景区人性化

主要景区要设置中、英双语标识牌，重点景区再根据国外客源情况适当增加其他语种，为各国游客提供便利。同时，各类景区要实现对特殊群体无障碍设施的全覆盖。

（2）推进交通便利化

通过建立健全三级旅游集散中心，进一步加强从旅游集散中心到各大景区的直达旅游公共交通建设，以此逐步完善整个文山州的旅游公共交通体系。

（3）建设便民服务亭

面向本地居民及外地游客，在各交通枢纽、商业中心、景区景点等人流密集和游客集中的区域建造一批便民服务亭。这些服务亭应具有LED旅游公共信息发布、免费Wi-Fi服务、手机充电、12301热线咨询、自助旅游信息查询、ATM服务等多种功能。

（4）组建志愿者服务队

组建并逐步完善文山州的旅游志愿者服务队伍，通过积极地宣传推广，将文山州全民纳入旅游志愿者服务系统，营造"人人愿为、人人能为、时时可为"的旅游志愿者发展环境。规划期内在全州范围内建成 50 个文明旅游志愿者站，吸引至少 3000 人报名参加旅游志愿者队伍。通过组建志愿者服务队伍，为外地游客提供旅游咨询、交通指引等更加周到的服务。

（5）发行全域旅游一卡通

发行全域旅游一卡通并逐步完善它的功能。持卡人在文山州的吃、住、行、游、购、娱等方面的消费都可以通过一卡通支付，并获得不同程度的优惠。条件成熟时，通过州内外旅游企业之间的合作进一步扩大一卡通的使用范围。

（6）优化公共游憩空间

全域旅游要做到惠民，要求要增加生态公园、绿地、广场、商业街区、文娱体育设施、滨水步道、慢行道、风景走廊等公共游憩空间，提升游憩空间的环境和服务，共同面向本地居民和游客开放，实现资源共享的优化利用。

（7）实施景区优惠政策

大力实施各种景区优惠政策，一是开放部分公共资源型旅游景区，全年免收门票，调动居民周末、节假日出行的积极性。二是在特定日子向游客推出优惠政策，如在中国旅游日、教师节等特殊节日推出一批免费、打折旅游景区。三是积极举办旅游周末大派送活动，通过派送有关旅游景点门票、农家乐采摘券、旅游客户代金券、旅行社抵金券等举措，激发本地居民的旅游兴趣和热情。

十一、全程保障措施

（一）制度保障

1. 完善文山州旅发委职能

健全文山州旅游发展委员会职能，统筹和指导全州旅游发展，提升属地管理和部门联动水平，形成促进旅游发展强大合力；增加文山州旅游发展委员会编制数，完善各科室管理职能，完善州级、县（市）二级旅游产业管理体制和管理机制；强化文山州级旅游发展委员会的组织领导、管理推进能力，明确各部门成员权利责任，切实为旅游产业发展排忧解难，统筹各部门相关政策和资金扶持，发挥旅发委对产业发展的引领能力和整合能力；成立重点工作专项推进小组，及时协调解决各项重点工作推进过程中的困难与问题，加强旅游业发展体制建设，统筹推动旅游政策、规划、管理、营销等方面的工作。

2. 健全旅游行业协会职能

在文山州旅发委及相关部门指导下，建立健全各类旅游行业协会，发挥行业协会桥梁、纽带作用；对行业成员进行组织、管理，为行业成员提供有针对性的市场信息；举办培训，监督管理，制定行业质量规范和服务标准，规范市场行为，调配市场资源，抵御市场风险；减少单个企业的运作成本，维护各行业各企业共同权益。逐步完善、发挥现有各行业协会的职能作用，根据旅游市场发展情况，将更多行业协会、专业协会纳入体系，激活旅游市场。

3. 公私兼顾拓宽营销渠道

政府引导，旅发委牵头，加强"精彩文山，聚宝绿洲"品牌形象的建设和宣传工作，提高文山州旅游的知名度与美誉度；制订年度营销计划，确立年度营销宣传重点工作及目标，融入云南省旅游推介平台，对昆明、南宁、成都、重庆等重点客源城市开展推介工作，通过宣传营销切实拉动游客量及旅游收入增长，促进旅游品牌形象的建立；公私互补，手段创新，通过政府单位、旅游企业等公共部门与民间组织或个人志愿者的合作，借助电影营销、新媒体营销、联合营销、OTA营销、借势营销、高铁营销、常客计划、客源互换等多种手段，建立多渠道、多维度、全方位的立体化营销系统，提升文山州旅游业供给侧的质量和价值，通过营销宣传进一步加快标准建设、规范市场秩序、构建诚信体系、倡导文明旅游。

4. 加强旅游奖励薪酬机制

全面完善旅行社、旅游企业在旅游品牌塑造、旅游形象建设、旅游业态创新等方面的奖励体制机制，对促进文山旅游品牌形象建设和推广的企业商家给予物质奖励和精神奖励；同时，建立合理的薪酬制度、福利制度和社会保障制度，确保旅游从业人员的合法权益，使旅游从业人员获得应有的社会地位，成为令人尊敬和羡慕的职业，通过物质奖励和荣誉激励等多重手段吸引旅游创新人才，促进文山州全域旅游发展。

5. 旅游发展列入考核机制

为确保旅游产业各项工作部署确实有效地得到贯彻落实，州县（市）两级应将旅游产业发展规划纳入州级、县市级国民经济发展计划；重点旅游景区规划落实、重点旅游项目的实施纳入州县两级人大监督实施的重要工作；将旅游景区、旅游项目、旅游基础设施、旅游接待设施等纳入招商引资计划；将重大旅游项目的工作列为对党政"一把手"政绩考核的重要内容，从而加大旅游规划和旅游项目的落地、推进力度。

（二）用地保障

1. 立足创新扩大旅游用地

根据有关土地使用文件精神，结合文山州旅游开发实际，在使旅游规划与土地利用总体规划有效衔接基础上，着眼于旅游用地特殊性，坚持依法行政、改革创新、市场配置、节约集约的原则，研究出台支持旅游业发展用地政策；在土地利用总规中合理安排旅游产业发展用地，建立科学合理的旅游用地分类体系，将旅游用地作为土地利用总体规划中一个子类打包确定占比；强化旅游用地保障，优先支持符合国家产业政策、市场前景良好的重点旅游项目和特色旅游项目发展用地，适当扩大风景游览建设用地比例，保护水源地、林地、优良耕地，提高旅游区的环境水平和景观层次，增加游览服务设施，强化旅游吸引力，满足旅行游览功能。

2. 建章立制保障合法权益

建立产权变更登记制度、土地出让收益分配制度、相关税费制度、风险防范制度等相关配套制度，切实保护土地所有者、使用者及经营者的合法权益，完善允许农村集体经营建设用地出让、租赁、入股等制度体系，促进产业、土地、资本的有机衔接；实行与国有土地同等入市、同权同价，缩小征地范围，规范征地程序，制定合理的征地补偿标准，正确对待征地拆迁中群众的合理诉求，完善对被征地农民合理、规范、多元化保障机制；扩大国有土地有偿使用范围，减少非公益性用地划拨。

3. 多措并举解决土地供应

积极探索创新旅游用地的多元供应制度，通过"长期租赁、先租后让、租让结合"等多种方式解决旅游用地供应问题；鼓励社会资本依法使用集体建设用地开发乡村旅游项目，鼓励农村集体经济组织依法使用建设用地或以土地使用权入股、联营等方式与其他单位和个人共同发展乡村民宿项目；结合"三旧"改造、美丽乡村、新农村建设等合理开发旅游项目。支持旅游企业利用荒山、荒坡、荒滩和废弃矿区开发旅游项目。

（三）资金保障

1. 设立旅游发展专项资金

根据"强化引导、突出重点、择优补助、注重效益"原则，设立文山州旅游发展专项资金，引导、促进社会资金对文山旅游业的投入；旅游发展专项资金的使用范围包括重点旅游项目建设、旅游发展规划和公共服务设施项目、旅游整体形象宣传与促销、旅游新业态项目、旅游商品研发、区域旅游交流、旅游人才培育、信息化建设等；旅游发展专项资金可采取直接补助、贷款贴息、以奖代补等形式进行补助，但不得用于旅游主管部门日常工作经费开支。

2. 鼓励金融资本投资旅游

挖掘旅游投资潜力，鼓励金融机构积极投资旅游产业，是让旅游业成为新常态下中国经济增长新引擎的关键点。"十三五"期间，国家开发银行、工商银行、建设银行、农业银行、平安银行、兴业银行等6家金融机构，将为旅游业提供1.6万亿元的信用额度。搭建旅游与金融行业合作平台，向金融机构推荐旅游项目，向旅游企业推介金融工具，实现"旅游＋金融"的双赢发展。鼓励金融机构扶持符合产业导向的新建和改扩建旅游项目，加大特许经营、政府购买服务等模式的信贷支持力度。鼓励金融机构在企业积极探索旅游产业债券、旅游资产证券化的过程中发挥综合服务功能和作用，为企业提供财务顾问及咨询服务。

3. 激发民间资本投资热情

高速增长的旅游业正吸引着大量资本进入旅游业，而民营资本近年来逐步成为旅游投资中的主力军。原国家旅游局2015年发布的数据显示，全国10亿元以上的在建旅游项目有1749个，实际完成投资4402亿元，占全国的62.4%。其中，全国60%的旅游投资来自民营企业，160多个投资百亿元以上的在建旅游大项目，投资主体都是民营企业。鼓励旅游景区、景点通过竞标、拍卖等方式出让开发权和经营权，促进经营主体多元化发展，激活旅游资源价值；通过改组、改制等方式引进民间资本，给予宽松的经营环境和政策优惠；鼓励较强经济实力的民营企业走向集团化，逐步推进大型旅游项目经营企业化、运作市场化、主体多元化，助推旅游业发展，增强产业发展活力。

4. 加大旅游招商引资力度

学习先进地区招商引资经验，组建旅游招商团队，定期在发达城市举办的旅游投资推介会宣传有潜力的投资项目，积极参与国内外旅游投资会议，引进一批规模较大、辐射带动力强、知名度高的旅游企业和管理服务品牌；推进以商招商，发挥文山知名企业的联络效应，通过企业主动牵线上下游合作伙伴、商界朋友前来投资；优化招商政策，出台州县旅游产业招商引资与投融资优惠政策；优化招商服务，针对招商引资工作的新情况，不断提升承接条件，建设完备的配套环境和优质高效的服务环境。

5. 综合运用各类融资工具

合理运用资产抵押、信托融资、私募资本、BOT、供应链融资等工具手段，如利用门票收费权、开发经营权等作为抵押向银行贷款；将旅游项目打包通过信托凭证向社会集资；通过建设—经营—转让方式为旅游项目融通资金；打通上下游融资瓶颈，利用应收账款质押、核心企业担保等融资。通过多种融资工具的综合运用，激发社会领域投资活力，引导社会资本合理流动。

（四）政策保障

1. 出台旅游扶持激励政策

在国家政策引导下，结合自身实际，有针对性地出台文山州旅游扶持激励政策，下属县市可依据旅游业发展态势进行相应调整，具体政策可包括《文山州关于进一步加快旅游业发展的意见》《文山州旅游业发展扶持办法》《文山州旅游招商引资扶持政策》《文山州全域旅游品牌创建奖励办法》《文山州旅游产业融合三年工作方案》《文山州旅游企业税收优惠政策》《文山州关于打造健康生活目的地工作方案》《文山州关于实施乡村旅游精准扶贫工作意见》《文山州乡村旅游建设补助办法》《文山州智慧旅游发展工作方案》《文山州旅游厕所建设补助实施方案》《文山州民宿客栈经营服务标准与规范》等。

2. 编制旅游发展专项规划

在政府牵头下成立规划编制小组，促进城镇规划、乡村发展规划、土地利用规划等与旅游发展规划的充分衔接，同时编制文山州旅游发展专项规划，如《文山州山水旅游发展规划》《文山州旅游公共服务体系规划》《文山州生态旅游发展规划》《文山州文化旅游发展规划》《文山州乡村旅游扶贫规划》《文山州智慧旅游发展规划》《文山州节事旅游专项规划》《文山州旅游营销专项规划》《文山州民宿旅游专项规划》《文山州购物旅游专项规划》《文山州自驾游营地建设专项规划》以及4A、5A旅游景区创建规划和旅游景区发展可行性规划等，使各项工作有序进行。

（五）人才保障

1. 百千万人才的提升计划

人才是旅游业发展壮大的根本，吸引和留住人才对打造现代旅游产业体系，提升旅游产品品质，做大做强全州旅游产业具有重要的促进和保障作用。

文山州旅游跨越式发展急需大量高端、复合型人才，可采取本土培养与外来引进相结合的办法提升人才数量与素质。培养、表彰百名对文山州旅游业发展做出杰出贡献的旅游领军人物，引进、借智千名文山州全域旅游发展的规划设计、创意策划、经营管理、营销宣传等专业技术人才，培训、提升万名农业、能源、餐饮、住宿、工艺、文创、表演、管理、服务等方面的专业服务人员，充分发挥代表性人才在文山旅游形象塑造、健康品牌传递、服务质量提升等方面的引领性作用。

2. 培养高端旅游专业人才

大众旅游时代，旅游新产品、新业态、新模式不断涌现，旅游消费市场日益细分化，出现了自驾游、亲子游、探险游、科普游、康养游等多种形态的旅游专业市场。市场的细分将促使旅游人才在广度上趋向多元化，在深度上趋向专业化。"千军易得一将难求"，文山州政府应高度重视招才引智工作，根据需要培养一大批艺术文创、历史军事、医疗养生、运动探险、地矿珠宝等专业人士投身文山州旅游业发展，以政策吸引人才，以平台集聚人才，以优质服务和环境留住人才，实现文山州高端人才数量和质量的双提升。

3. 引进创新创业复合人才

全域旅游的建设不仅包括吃、住、行、游、购、娱等传统旅游要素，还囊括了商、养、学、闲、情、奇等新的旅游要素，这种全产业联动、全业态融合的共享经济模式要求旅游从业人员必须是有创意、会策划、懂运营、跟得上时代潮流，能为消费者提供特色化、优质化服务的创新型复合人才。通过各级政府、高校举办的人才服务中心、旅游专场招聘会、网络招聘平台等多渠道会聚复合型人才；同时支持、鼓励复合型人才进行继续教育和技术交流活动，为其创新、创业提供广阔空间和公平竞争平台。

4. 开展从业人员业务培训

建立多层次、全方位立体培训体系，实施分级分类人才培养模式，实现旅游从业人员素质整体提升；重点培养旅游业领军人才，加快建设以旅游行政管理、经营管理、规划设计、翻译导游等为主要方向的旅游人才队伍体系；对旅游从业者开展历史文化、语言翻译、智慧旅游应用、旅游项目运营等方面的培训，提升从业人员的旅游服务技能，为旅游业创新发展提供基础保障；对文山州居民开展普通话、活动参与、生态环境、民宿运营、传统工艺宣传等方面培训，推动居民融入旅游发展，参与旅游经营活动，提升文山州整体旅游形象，同时丰富居民增收渠道、提升居民生活幸福感。

第二部分 专题研究

一、全域旅游

（一）全域旅游发展背景

1. 国家重大战略导向

2015 年 8 月，原国家旅游局局长李金早在全国旅游工作研讨会上正式从国家旅游局层面首次提出全面推动全域旅游发展的战略部署；随后，国家旅游局下发《关于开展"国家全域旅游示范区"创建工作的通知》（旅发〔2015〕182 号）；原国家旅游局先后发布两批"国家全域旅游示范区"创建名录，第一批 262 个，第二批 238 个。"全域旅游"已然成为中国旅游发展的重大战略导向。

2. 产业升级急需抓手

《国务院关于加快发展旅游业的意见》中明确提出要把旅游业培育成"国民经济的战略性支柱产业"和"人民群众更加满意的现代服务业"。旅游业作为综合性产业，在经济社会发展中的作用空前重要与广泛。而当前，我国旅游业又普遍存在着传统产品转型升级缓慢、新业态培育不足、公共服务设施建设滞后、旅游服务质量和经济效益不高等突出问题，全域旅游作为旅游产业转型升级的重要抓手应运而生。

3. 大众旅游时代召唤

我国步入大众旅游的新阶段后，随着旅游者兴趣的多样化、时间的碎片化以及交通的便捷化，旅游已经突破了传统景区的界限，游客的旅游需求也正由游览广度向体验深度转变，对旅游产品和服务的要求也越来越高，传统的景点旅游模式已经不能满足现代大众旅游发展的需要。因此，旅游业从景点旅游向空间全景化、体验全时化、休闲全民化的全域旅游模式转变，方能全力对接大众旅游时代。

（二）全域旅游概念特征

1. 学术界普遍观点

在一定区域内，以旅游业为优势产业，通过对区域内经济社会资源尤其是旅游资源、相关产业、生态环境、公共服务、体制机制、政策法规、文明素质等进行全方位、系统化的优化提升，实现区域资源有机整合、产业融合发展、社会共建共享，以旅游业带动和促进经济社会协调发展的一种新的区域协调发展理念和模式。（原国家旅游局，2016）

"全域旅游"是指在一定行政区域内或者是一个地理板块和文化板块内，运用后工业化时代的发展理念，以旅游业为优势主导产业，实现区域各类资源（旅游资源、文化资源、行政资源、社会资源等）的有机整合、产业深度融合发展，社会共同参与，通过旅游业带动乃至于统领经济社会全面发展的一种新的区域旅游发展理念和模式。（邓爱民，2016）

全域旅游通俗地讲就是全部区域一体化发展旅游。全域旅游是一种现代整体发展观念，需要突破景区局限，让区域建设、环境保护、交通运输、餐饮服务等各个方面都服务于旅游发展大局，形成全域一体的旅游品牌形象。（吕俊芳，2013）

全域旅游的核心不在"全"而在"域"，首先是要打破旧的旅游空间格局，形成一种新的发展格局。全域旅游不应从"全"的角度来认识，而应该从"域"的角度来解释，叫作"域的旅游完备"，也就是空间域、产业域、要素域和管理域的完备。（张辉、岳燕祥，2016）

而厉新建、张凌云、崔莉等认为"全域旅游"指各行业积极融入其中，各部门齐抓共管，全城居民共同参与，充分利用目的地全部的吸引物要素，为前来旅游的游客提供全过程、全时空的体验产品，从而全面地满足游客的全方位体验需求。

2. 全域旅游的内涵

要深刻理解全域旅游，必须搞清楚下面四个问题：

第一，全域旅游提出的初衷是什么？全域旅游概念提出的初衷是打破孤立的景点旅游和单纯的门票经济模式，从封闭的景点建设走向景点与周边环境联动，从单纯的门票经济走向更深层次的服务经济，从单纯依靠旅游行业和部门的力量发展旅游走向与相关产业和部门更深入互动来提升综合效益。

第二，全域旅游的空间定位问题。不少学者将全域旅游定位在一定的行政区域范围内进行研究，这对于全域的理解还是过于狭隘。事实上，我们所讲的全域旅游，并不仅仅是行政全域的概念，还需要打破行政的概念，从生态、文化、自然地理单元和经济发展等方面来构建全域发展的空间格局和产业格局。

第三，"全域"二字该怎么理解？全域旅游的核心在全也在域，不能离开全去谈域，也不能离开域去谈全。"全"不是指全部，"域"不只是空间，"全域"不是"全能"，全域旅游并不是有些人理解的全面开花，更不是"村村点火、户户冒烟"的模式。在理解全域旅游时，既要重视"全"，又要重视"域"：所谓"全"包括全要素、全行业、全过程、全方位、全时空、全社会、全部门、全游客八个层面；"域"主要包括空间域、产业域、要素域和管理域四个层面。

第四，全域旅游是新的发展理念，新在哪儿？主要体现在概念创新、功能提升、业态创新、全域体验、价值溢出、技术创新。

3. 全域旅游的特点

第一，全面优化配置资源，发挥旅游带动作用。全域旅游要求不能停留在景点景区、宾馆饭店配置，而是要更加注重经济社会发展各类资源和公共服务的有效再配置，既宜居又宜游，处处是风景，处处可旅游。比如，水利建设不仅要满足防洪排涝、灌溉功能，还要有审美游憩价值和休闲度假功能。交通建设和管理，不仅要满足运输和安全，道路还应建成风景道，还需要规划建设厕所等公共服务设施，提供完善的自驾车旅游服务体系和配套标识、营地等。林业生态的建设，除了满足生态功能要求外，还应有形成特色景观吸引和配套旅游服务功能。农业发展，除了满足农业生产需要外，还应满足采摘、休闲等需求。城镇不仅要满足居民居住和生产功能，又要注重特色、注重服务。美丽乡村建设，既要建成当地农民的幸福家园，还应建成城市居民休闲度假的幸福乐园。

第二，在全域范围内按景区标准统筹规划建设。现在的情况往往是景点景区内外、酒店内外，两极分化明显，一墙之隔或一河之隔，俨然两重天，景点景区内鸟语花香、干净整齐，景点景区外却是私搭乱建、脏乱破差；酒店里流光溢彩、金碧辉煌，酒店外却是污水横流、垃圾成山。可谓走进景区、酒店是发达的"第一世界"；而走出门外则是落后的"第三世界"。发展全域旅游，就是要拆掉景点景区"围墙"，实现景点景区内外一体化，以游客体验为中心，以提高游客满意度为目标，按照全域景区化的建设和服务标准，推进多规合一，整体优化环境、优美景观、优化旅游服务的全过程。

第三，构建完善的全域旅游综合协调管理体制。在旅游资源富集、旅游产业优势突出的区域，整个区域的管理体制设计，都应有旅游理念，围绕适应旅游发展"两个综合"需求（即综合产业发展和综合执法需求），创新区域治理体系，提升治理能力，实现区域综合化管理。围绕形成旅游发展合力，通过综合改革，破除制约旅游发展的资源要素分属多头的管理瓶颈和体制障碍，更好地发挥政府的导向引领作用，充分发挥市场配置资源的决定性功能。围绕形成旅游市场综合监管格局，创新旅游综合执法模式，消除现有执法手段分割、多头管理的体制弊端。

第四，全面发挥"旅游+"功能，实现产业深度融合。充分发挥旅游业的拉动力、融合能力及催化、集成作用，为相关产业和领域发展提供旅游平台，插上"旅游"翅膀，形成新业态，提升其发展水平和综合价值。在区域内，通过旅游＋新型城镇化，促进发展特色旅游城镇，发挥旅游对新型城镇化的引领作用；通过旅游＋新型工业化，促进发展旅游装备制造业、户外用品、特色旅游商品，发展工业旅游，创新企业文化建设和销售方式新形态；通过旅游＋农业现代化，促进发展乡村旅游、休闲农业等现代农业新形态；通过旅游＋信息化，将旅游业培育为信息化最活跃的前沿产业，用信息化武装旅游；通过推进旅游＋生态化，大力发展生态旅游，推进旅游生态化，使旅游发展从"围景建区、设门收票"向"区景一体、产业一体"转变，促进旅游与其他产业融合，产业链条全域化，旅游产业全域辐射带动。

第五，全民共建共享全域旅游。全域旅游形成新型的目的地，要求是旅游相关要素配置完备和全面满足游客体验需求的综合性旅游目的地、开放式旅游目的地。旅游质量和形象由整个社会环境构成，这就要求全域旅游必须走共建共享道路。在景点旅游模式下，旅游从业者只是导游、服务员等，而在全域旅游模式下，整个区域的居民都是服务者，都是主人，他们由旁观者、局外人变为参与者和受益者。全域旅游既要让建设方、管理方参与其中，更需要广大游客、居民共同参与。既要考虑让游客游得顺心、放心、开心，也要让居民生活得更方便、更舒心、更美好。要通过旅游发展成果为全民共享，增强居民获得感和实际受益，来促进居民树立人人都是旅游形象的意识，自觉把自己作为旅游环境建设的一分子，真正树立主人翁意识，提升整体旅游意识和文明素质。如海南三亚玫瑰谷采取"公司＋合作社＋农户"的旅游扶贫发展模式，走出一条共建共享的路子。

（三）全域旅游实现路径

1.推进多规合一，优化空间布局

全域旅游的发展目标要求我们必须具备全局的视野，将一个区域作为一个整体来规划和建设，重视全域规划的引领作用，创新规划体制，形成一个以全域旅游发展规划为指导、片区旅游规划为基础、景区建设规划和专项规划为重点的旅游规划体系。一方面，要将旅游规划融入区域发展规划全局；另一方面，要统筹协调社会发展规划、城乡建设规划、土地利用规划等多种规划和旅游规划之间的关系，加强各类规划之间的衔接与协调，使之互融互促。这要求我们在对规划区域资源特色、地理环境、交通条件等情况充分调研分析的基础上，明确发展总体定位和战略目标，突出核心亮点、构建主题线路，打造特色片区，通过以点串线、以线带面、点线面全面联动的方式，形成体系化的空间布局，确保整个区域的全景化打造和全地域覆盖。

2.发展"旅游+"模式，促进产业融合

全域旅游要求从原来的封闭式旅游自循环向开放的"旅游+"融合发展方式转变，通过旅游业与相关产业融合，实现旅游业与相关产业联动发展，构建以旅游为核心的复合型旅游产业结构，推动旅游产业由"小旅游"向"大旅游"转型。"旅游+"战略充分发挥了旅游业的融合功能，为相关产业的发展提供了重要的平台，也为旅游业的转型升级提供了重要的契机，是实现旅游业可持续发展的重要方式，也是实现全域旅游的重要路径。"旅游+"强调旅游与农业、工业、商业、文体、交通、医疗等多个相关产业的融合渗透，不仅拓展了旅游业价值链的长度，有利于复合型旅游产业结构的构建，还能通过旅游的强大拉动力促进多个产业协同发展，培育更多的支柱性产业促进区域多核化发展。

3.调动社会资源，全民共建共享

全域旅游的实现有赖于全面调动社会资源。一方面，将传统旅游资源和文化、医疗、科技等资源进行全面整合，催生出包含民俗游、休闲游、康疗游、研学游等在内的形式多样的旅游产品，促进旅游新业态的形成，满足游客多元化的需求。与此同时，要通过建立社会共建共享的机制，让旅游业摆脱旅游部门和旅游企业单打独斗的形式，调动社会各方参与全域旅游建设的积极性，形成旅游发展建设依靠广大群众，旅游发展红利由广大群众共享的良好局面。使旅游业的发展对政府而言，是城市建设的有力推手；对客商而言，是提质增效的重要平台；对游客而言，是品味生活的多彩体验；对居民而言，是环境优美的幸福家园。

4.创新管理体制，提供制度保障

全域旅游的实现需要多方共同努力，需要打破传统的行政和社会管理体制，实现跨部门、跨领域的综合协调和整体推进。因此，要发挥好政府主导与市场主体作用，创新管理体制，形成强有力的统筹协调机制。可以借鉴国内旅游发达地区先行经验，成立旅游发展委员会，将文化、体育、工商、林业、交通等部门涉旅业务的管理职能统一整合归口至旅游发展委员会，削除壁垒、统一协调、分工协作、共同推进，实现旅游发展"一盘棋"、管理"一张网"，调动方方面面的力量共同发展全域旅游，也为多规合一、产业融合、资源整合的推进和实施提供制度保障。

（四）全域旅游发展模式

全域旅游的发展如火如荼，急需全新的、符合全域旅游发展理念的推进模式。而模式的选择则应综合考虑不同旅游目的地的类型、发展阶段和目标定位，以及该地资源禀赋、经济发展水平和文化脉络等因素。2016年9月10日，在"第二届全国全域旅游推进会"上，全国多个地方提出要全面践行全域旅游发展理念，以此推动当地旅游业的新一轮发展。会上充分肯定了5种典型全域旅游发展经验和做法，包括：

1.龙头景区带动型

依托龙头景区作为吸引核和动力源，按照发展全域旅游的要求，围绕龙头景区部署基础设施和公共服务设施，围绕龙头景区配置旅游产品和景区，调整各部门服务旅游、优化环境的职责，形成"综合产业综合抓"的工作机制，推进"景城一体化发展"。以龙头景区带动地方旅游业一体化发展，以龙头景区推动旅游业与相关产业融合，以龙头景区带动地方经济社会发展。其典型代表有：湖南张家界、四川都江堰。

2.城市全域辐射型

以城市旅游目的地为主体，依托旅游城市知名旅游品牌、优越的旅游产品、便利的旅游交通、完善的配套服务，以都市旅游辐射和带动全域旅游，推动旅游规划、城乡规划、土地利用规划、环境保护规划等"多规合一"；促进城乡旅游互动和城乡一体化发展，形成城乡互补，优势互动的城乡旅游大市场。按照"旅游引领、融合发展、共建共享、提升价值"的思路，推动旅游规划、城乡规划、土地利用规划、环保规划等"多规合一"，以旅游引领新型城镇化。其典型代表有：辽宁大连、福建厦门等地。

3. 全域景区发展型

把整个区域看作一个大景区来规划、建设、管理和营销。按照全地域覆盖、全资源整合、全领域互动、全社会参与的原则，深入开展全域旅游建设，推进旅游城镇、旅游村落、风景庭院、风景园区、风景厂矿、风景道等建设，实现"处处是景、时时见景"的城乡旅游风貌。其典型代表有：浙江桐庐、河南栾川、宁夏中卫等地。

4. 特色资源驱动型

以区域内普遍存在的高品质自然及人文旅游资源为基础，特色鲜明的民族、民俗文化为灵魂，以旅游综合开发为路径，推动自然资源与民族文化资源相结合，与大众健康、文化、科技、体育等相关产业共生共荣，谋划一批健康养生、避暑休闲、度假疗养、山地体育、汽车露营等旅游新业态，带动区域旅游业发展，形成特色旅游目的地。其典型代表有：重庆武隆、云南抚仙湖、贵州花溪等。

5. 产业深度融合型

以"旅游 +"和"+ 旅游"为途径，大力推进旅游业与一、二、三产业的融合，以及旅游业与文化、商贸、科教、体育、宗教、养生、教育、科研等行业的深度融合，规划开发出一批文化休闲、生态观光、商务会展、休闲度假、乡村旅游等跨界产品，推动全域旅游要素深度整合，进一步提升区域旅游业整体实力和竞争力。其典型代表有：南京江宁区、北京昌平区。

二、健康旅游

（一）健康旅游发展概述

随着旅游业的不断发展，旅游方式从观光型向休闲型转变已经成为必然趋势，这一趋势反映了人们追求身心放松、身体健康的心理。追求健康已经成为一种社会时尚。在这样的背景下，以获得健康为主要目的的旅游活动成了旅游业发展的新趋势。健康旅游是顺应旅游发展需求和人们的健康追求的，是主动拓展的旅游方式，是旅游产业发展的一个重要方向，也是现代旅游业发展所追求的核心价值所在。

健康旅游发展历史悠久，14 世纪初温泉疗养地（SPA）的建立是健康旅游的最初形态，当时健康旅游范畴相对宽泛——即能够使自己或家人获得身心健康的任何旅游方式都可视为健康旅游。欧美市场是健康旅游的发源地，以加勒比海、苏格兰、北美温泉旅游为代表。亚洲的健康旅游发展较晚，主要典型的健康旅游目的地有泰国、印度、新加坡等。

澳大利亚学者 Bushels 通过大量的实地调查研究，提出了健康旅游的定义，"健康旅游是借助传统与非传统医学治疗的旅游服务，从而使旅游者身体得到健康、放松、工作压力能够缓解的一种旅游方式"。Mueller 与 Kaufman 对于健康旅游的定义为：人们离开常住地或暂时居住地或工作地点，去寻找体验一种使身体得到放松，精神压力得到缓解的活动而引起的所有现象和关系的总和。同时，他们认为医疗旅游应该是健康旅游的一种表现方式。目前，学术界对于健康旅游尚没有一个统一的定义，诸多的研究都强调健康旅游是人们以参与健身休闲娱乐，达到身心愉悦为目的的一种旅游活动形式，或者以保健的形式开展康复性旅游活动，达到维护自身健康的目的。总的来说，可以认为健康旅游是旅游目的地充分利用优质的自然生态环境，开发设计健康旅游产品，给旅游者的旅游活动提供健康疗养的旅游环境。

（二）国外健康旅游案例

1. 加勒比海健康训练营

如果你认为来到加勒比海岸日光浴是唯一的娱乐，那你就大错特错了，无论是运动狂热分子还是仅仅着迷于沙滩美景，这里都能够触动你的心弦。加勒比海地区有着神秘的热带雨林和绵延的山脉、奇特的珊瑚礁及温暖的水域，是一个天然游乐场。无论对于背包客和骑行族、还是对于水上运动、风力运动爱好者，这里都是理想之选。同时，这里的度假胜地拥有很多的体育院校，他们为游客无论老少提供高质量的培训。而训练营和健康中心将助你重塑身体、保持魅力。来到这里，你会发现事实上根本没有时间只躺着享受日光浴。高空滑索、多米尼加徒步旅行、骑马观光、野外探险、圣卢西亚 SPA、特克斯和凯科斯群岛的传统瑜伽、冥想和呼吸，这些在优美环境中的旅游项目让游客忘记外界烦恼、使身心放松、心灵净化，这是最好的健康之旅。

2. 加拿大超低温刺激疗法

加拿大不列颠哥伦比亚省素以生态、健康、闲适的旅游目的地形象而闻名，在其闪耀之山度假村水晶宫最为震撼的就是在寒冷刺骨的 –110℃低温的冷桑拿房里"蒸"三分钟。在进入主室之前，宾客会依次进入 –15℃和 –60℃低温的预冷室，这种干冷的体验会刺激并激活你的神经和血液循环系统，在此疗法的触发下，一股暖流将流遍全身，并可持续 6 小时之久。游客会被要求穿着轻便的衣服和袜子、保护头带、面罩和手套进入冷桑拿房。全程都会有监控以确保你的安全。加拿大以健康为旅游的项目不止于此，其优美的自然风光、矿物质丰富的天然温泉为旅游者提供了丰富多彩的健康养生之旅。

3. 泰国亚洲健康旅游中心

泰国的医疗旅游业的发展始于 1997 年，主要是将传统自然药草、专业医疗、SPA 美疗等养生度假活动融合于旅游活动当中，重点发展曼谷、清迈、普吉与苏梅岛等主要旅游目的地，积极发展健康旅游，并且一直保持着快速增长。自 2004 年起，泰国实施一项为期五年的国家计划，由泰国政府卫生部门牵头，组合医疗服务、健康保健服务、传统草药产业三个区块，力推泰国成为"亚洲健康旅游中心"。

4. 印度国际医疗旅游目的地

印度是亚洲乃至世界健康旅游较发达的国家。印度健康旅游以瑜伽、冥想、阿育吠达为主，重点突出健康旅游特色。雷·马塞洛（2003）通过对印度经济构成的分析，发现医疗旅游形式的发展，可以为国内外旅游者提供疾病治疗服务，还能在很大程度上提升印度经济增长，有利于印度医疗业发展。2009 年在加拿大多伦多举行的第一届医疗旅游贸易展览会上，印度的主题就是打造国际医疗旅游目的地。印度希望通过改善旅游基础设施，引进先进的医疗技术及设备，引进一流人才以及其本身较低的消费成本等因素来吸引越来越多的游客。

5. 巴哈马群岛深水珊瑚礁

巴哈马群岛拥有白色沙滩、泳池和客房按摩可以让游客放松疲惫的身体，还有很多激动人心的集体活动，如深海捕鱼和潜水，户外活动管理人员和烹饪团队为游客精心制作的独特的经历和个人菜单也令人向往。可选择小艇垂钓、浮潜、海滩游览船旅行，海岛野餐或带水肺潜水探索 30 英尺等项目。

6. 美国圣佐治雷德山度假村

美国犹他州圣佐治雷德山度假村拥有红石山脉、清新的空气和热情友好的工作人员，能激发健康的生活方式，点燃生活激情。游客可以在度假村的锡安国家公园静思、瑜伽、越野行走、使用泡沫滚筒缓解肌肉疼痛、峡谷漂流、与野马近距离接触、做龙舌兰花蜜包装的水疗、身体和脚底按摩及面部美容。还可以定制健身课程、健康生活课程、烹饪展示及泳池和竞走等项目。

（三）国内健康旅游概况

"健康旅游"一词是伴随着 2001 年原国家旅游局推出的"中国体育健身游"主题旅游年而出现的，受 2003 年"非典"和 2004 年禽流感影响而迅速走红。近几年来，我国健康旅游得到快速的发展，各地对于健康旅游以及旅游业的健康发展的认识更加深刻。福建武夷山推出以"享受健康呼吸，享受健康饮食，享受健康运动"为主题的旅游活动；四川推出"九寨沟健康旅游"项目；广西巴马长寿之乡的旅游发展更是紧紧围绕生态、健康、长寿这个核心；云南省以"神奇迷人彩云南，健康安全旅游地"为宣传口号，大力宣传云南旅游的健康文化。2004 年，昆明滇池尝试将滇池打造成世界级康体休闲胜地；2005 年，云南省保山市以健康旅游为主要的工作核心，以生态 SPA 和户外运动为主，将保山建设成为健康旅游胜地；2007 年，云南德宏的"康体旅游"项目开发为核心，将德宏"天然氧吧"与健康旅游结合。2010 年，广东省佛冈县也开始着力打造健康旅游示范基地。遂宁借助重庆市打造"健康重庆"的契机，大力推进遂宁健康旅游。

（四）文山健康旅游启示

文山州发展健康旅游需要充分利用优质的自然生态环境，开发设计符合其资源禀赋的健康旅游产品，给旅游者的旅游活动提供健康疗养的旅游环境，同时，健康旅游产品的开发要注重层次性；此外还要深入保护自然环境，着力构建养生环境，创造健康旅游发展的外部环境。具体来说：

1. 依托湖泊资源开发康复疗养产品

依托湖泊资源开发康复疗养产品主要遵循以下思路：理念创新，引导滨湖康疗生活方式；资源依托，丰富康疗游憩方式；利用"水圈"，开发康复疗养项目；文化为魂，塑造康疗产品特色；产业延伸，完善康疗产业链条；运营执行，增强康疗经营管理。

2. 依托森林资源开发游乐康体旅游产品

森林旅游以其良好的生态环境，对旅游者产生很强的吸引力，将康体项目与森林旅游相结合，已经成为市场发展的热点。在森林旅游的游乐及旅游者体验设计中要强调康体的理念，要把玩与强身健体相结合。充分利用森林的自然生态环境，开发攀岩、狩猎、音乐森林、童话森林、户外运动拓展、森林浴场等情景化体验设计的康体游乐项目，同时引入健康管理模式、医疗旅游模式、康体俱乐部模式等多种新型旅游开发经营模式。

3. 依托体育资源开发休闲运动旅游产品

旅游景区主体场地不同，适合开发的运动休闲项目也有所区别，为使得运动休闲项目归类清晰，可以按照草原、森林、沙漠戈壁、海滩、湖泊、河流、峡谷、岩洞、山川、湿地、公园、田野、室内、乡村、城市等多种不同主体场地进行研究分析，总结一些适合开发的运动休闲项目，为旅游景区开发与运动休闲的结合提供借鉴。

4.依托温泉资源开发康复疗养旅游产品

依托温泉资源开发运动游乐旅游产品。这种模式是温泉度假村最常见的开发模式之一。其核心是在温泉泡浴的基础上，通过发展满足旅游者体验性、参与性需求的运动游乐项目，有力提升温泉度假村的整体吸引力，延长游客停留时间甚至改善温泉度假村的淡季经营问题，提高人均消费水平，从而实现整体开发经营的突破。主要有"温泉＋水游乐""温泉＋高尔夫""温泉＋滑雪场""温泉＋综合游乐"几种模式。

三、探宝旅游

（一）探宝旅游发展概述

探宝旅游，又被称为淘宝旅游、觅宝旅游、寻宝旅游，在国外称为treasure hunting trip。探宝是人类冒险、开拓、求知的心理表现，始于人类诞生时期，随着历史发展，"宝"的内涵也在不断发生深刻变化。探宝与旅游整合起源于西方国家，例如热播影视作品《国家宝藏》《古墓丽影》《夺宝奇兵》等掀起了探宝旅游的一股热潮。探宝旅游集户外运动、科普体验、意外收获、极限活动、探秘探险等于一体，常见形式包括淘金探宝、矿山探宝、海底探宝、旷野探宝、海岛探宝、森林探宝、墓穴探宝、洞穴探宝、民间探宝、遗址探宝、室内探宝、游戏探宝、景区探宝等。在我国探宝活动主要由探矿科考队组织，作为一种新旅游型活动，以社会自发为主，规模和人数较少。但是，作为一种新奇、参与性强、受游客喜爱的旅游活动，近年来一些探宝旅游产品也开始出现，是一种具有较大发展潜力的产品。

（二）国外探宝旅游案例

1.疏芬山淘金古镇简介

疏芬山淘金古镇位于澳大利亚墨尔本以西112千米处，维多利亚州第三大城市巴拉瑞特市，是澳大利亚最知名的淘金古城。1851年，由于在澳大利亚大陆南部首次发现了黄金，在全世界掀起了淘金热，一时间从欧洲，美洲和亚洲涌来了大批的淘金寻宝者，其中从中国广东和福建等沿海地区就来了4万多华工，当时他们称美国为"旧金山"，将澳大利亚的巴拉瑞特称为"新金山"。到了20世纪初，这里的黄金已淘尽挖绝，金矿主关闭了大小矿山，长达 50 年的淘金浪潮就此成了历史。现在的淘金古城于 20 世纪 70 年代修复后，作为观光景点正式对公众开放。目前有 160 名工作人员穿着当年的服装在这里工作，给游客一种恍如隔世之感。

2. 项目

（1）金矿区——当年的淘金者曾在这里红山河采集泥土表层的沙金，可以看到早年淘金时代的矿工们的艰难生活的状况。

（2）淘金河——身临其境，体验淘金的兴奋和艰难。

（3）中国村——1850 年，当时的殖民地政府将华人矿工集中在一起，建立了中国村，由专门的官员负责保护华人免受怀有敌意的欧洲和美洲矿工的骚扰和歧视。在中国村里有华人杂货店、中药铺和关公庙等。

（4）市镇大街——市镇的建筑物和商业区是 1950 年为矿工提供服务而建的。这里仍保留着当年的商店、铁匠铺、面包房、饭店、戏院、学校和酒吧等。

（5）地下古矿井——可以穿过 600 米长的隧道参观保留下来的古矿井。

（6）黄金博物馆——收集大量的历代黄金制品、金币和珍贵的历史图片等。

3. 借鉴

（1）旅游项目丰富，整个古镇包括博物馆、小镇、集市、街道、3D 电影、专职导游介绍、矿洞等。

（2）历史文化体验，展现淘金历史、淘金文化、淘金工艺、中国文化。

（3）相关业态辅助，吃、住、行、游、购、娱旅游要素齐全，在废弃矿区的基础上建一座旅游小镇。

（三）国内探宝旅游案例

1. 瑞丽南菇河淘宝场简介

瑞丽南菇河淘宝场位于中缅边境地带，全长不过 10 余千米，是南宛河的一条小支流。南菇河上游是中国边境上宝玉石矿带，属中缅宝玉石矿带一个部分。近百年来先后办过几十个大大小小宝石场。因其宝石分散，开采费用极高，缺乏开采价值。然而随着山水冲刷，不少大小宝石被冲到河里，沉于河床，混于泥沙之中，因其量多，只要去淘，多少都有收获。淘出的宝石有的只供观赏，无经济价值；有的可做首饰挂件；若有走运者，也能淘到价值上千万的珍品。无论是谁淘到宝石，都归个人所有，可以拿到附近加工厂，按意愿制作成心爱的饰物。

2. 项目

（1）综合服务楼，集餐饮、宝石鉴定加工、购物为一体。

（2）休闲娱乐中心。

（3）淘宝场，使用规定的工具采淘，在淘宝场淘到的宝石都是自己的。

（4）珠宝加工中心。

3. 借鉴

（1）参与式淘宝旅游体验。

（2）抓住游客"暴富""寻宝"心理。

（3）将不宜开发、价值不大的矿产资源再利用。

（四）文山探宝旅游发展

根据文山州矿藏资源的分布情况，结合旅游发展需要，规划打造八大探宝旅游产品，分别是：

1. 矿山探宝

依托祖母绿、石榴石、矿物晶体等矿山公园、矿产遗址开展探宝活动。

2. 森林探宝

依托老君山、古林箐、九龙山等原始森林开展探宝活动。

3. 水下探宝

依托君龙湖、普者黑、驮娘江等水库、湿地、河流等开展探宝活动。

4. 旷野探宝

依托马关八寨—木厂—大栗树石榴石分布矿区，开展旷野探宝活动。

5. 洞穴探宝

依托各县市洞穴资源开展探宝活动。

6. 民间探宝

依托各县市民间散布文物开展探宝。

7. 游戏探宝

依托特定游戏规则和场所开展探宝活动。

8. 景区探宝

依托各大旅游景区，设计可参与、主题性的探宝活动。

四、军事旅游

（一）军事旅游概述

军事旅游因依托先进的军事科学技术，形式多样，富于历史怀旧性、新奇性、刺激性和冒险性，在英、美、德等军事发达国家中备受旅游者青睐，成为当地旅游业多元化发展进程中的旅游亮点。我国历代王朝战事频繁，留下了众多古代战争遗迹、古战场遗址和战争纪念建筑物，具有丰富的历史文化底蕴、军事研究价值和缅怀先烈、教育后人的功能，是旅游资源重要的组成部分。随着时代的不断发展，军事领域的开放程度也在不断加大，在保证国家安全的基础上，有些地方也积极探索开发军事旅游的新项目。这种旅游形式对富有冒险精神和猎奇心理的年轻人、对战争具有浓厚研究兴趣和想接受军事化训练的人具有极强的吸引力。纵观世界军事旅游，内容五花八门，但是归纳起来主要有三大门类：一是以参观古代和近、现代战场、战争遗迹、军事遗迹和著名军事历史人物故居或纪念建筑等为主的军事旅游；二是以观赏武器装备、军事博物馆、军事主题公园等为主的军事旅游；三是官方或非官方组织的军事旅游活动。

军事旅游的发展模式，主要有以下几方面：

1. 青少年学生以参与体验为主

以青少年为主开展的军事旅游，要结合青少年的年龄特点和心理特点来进行。由于青少年旅游者对军事的天然兴趣，常常表现出对军事生活、军事设施强烈的探知愿望。对于这一类旅游者应以参与体验为主，适当的时候可以推出一系列的军事旅游特色项目，例如，军事夏令营、做"小军人"等。由于目前的学生大多是独生子女，其组织性、纪律性相对较差，并且缺乏吃苦耐劳的品质。通过开展这些活动能够提高青少年的多方面能力，因此能得到学生家长的大力支持。有的家长甚至还会与学生一起走进军营，与他们并肩"战斗"，从而可以大大提高孩子们的"军事"品质。

2. 退伍士兵以叙旧为主

多年的部队生活深深地影响了退伍军人的成长，再回军营，重温战友情怀是他们挥之不去的一个心愿。军事旅游的开展为他们再回军营开通了一个绿色通道。对于退伍军人的旅游安排应该以怀旧、叙旧、重温战友情为重点来开展。

3. 普通民众以参观为主

普通民众参与军事旅游，关注较多的是我国军事发展成就和军事文化。随着现在国际形势的日益复杂多样化，一个国家要想在未来的国际竞争中不落后于别国，军事的发展成功与否至关重要。普通民众参与军事旅游关心国家命运，应该让他们更多地了解我国军事上所取得的巨大成就和军事技术先进性，从而提高他们的民族自尊心和自豪感。

现在，酒泉卫星发射基地向游人开放的景点就有卫星发射场、指挥控制中心、长征二号火箭、测试中心、卫星发射中心场史展览馆。游客在酒泉卫星基地可以亲身感受到我国航天事业发展的历程，接受一次印象深刻的爱国主义教育。这种开放实际是对军事科技事业、科技产品的一种宣传，同时也是对普通群众的一种国防教育。

4. 军事旅游应重视事件旅游的开发

目前国内外事件旅游已经成为旅游研究的一个热点。特别的事件往往因其特殊的社会影响力而具有很高的知名度。军事领域内的一些重要事件如士兵退伍仪式、阅兵仪式、军事训练表演等由于具有相对唯一性和很强的可观性及纪念意义，且这些事件一般不会涉及很多的军事机密，所以完全有理由把这些军事事件旅游做好。一旦这些军事事件运用于旅游，将会大大带动军事旅游的发展，成为一种有特色的军事旅游模式。

5. 边缘军事领域的旅游开发

近些年各地在开展军事旅游的过程中，不断挖掘军事旅游的边缘旅游资源，取得了很好的成效。例如军事博物馆、军事旅游度假区、军事院校、退役军事航行器等。我国目前很多的军事机构对发展纯军事旅游还存在认识和观念的滞后，因此优先发展边缘军事旅游是很多旅游实体的首选。中国首家军事主题公园——深圳明斯克航母世界就是开展边缘军事旅游较为成功的案例。2005"明斯克"航母军事仪仗节用纯正的"元首"接待礼仪、华丽的世界军事仪仗表演征服了各地的军事旅游者。退役的俄罗斯"基辅"号航母也停泊在天津北沽港开始迎接游人。另外，广州市黄埔区也正着手制订计划，投入巨资打造一个以黄埔军校为主体、展示黄埔军校辉煌历史的军事文化旅游区。珠海南太和旅游公司则将把珠海万山群岛中的军事岛屿——白沥岛打造成全国第一个"以租代管"的海岛"军事主题生态度假区"。

（二）军事旅游案例

1. 泰国"军事旅游"

泰国（Thailand）是庙宇林立的千佛之国，被称为"微笑之国"，拥有独具魅力的美食、美景和文化，其旅游业在国民经济和生活中占有重要地位。随着旅游业的快速发展和军事基地的逐步开放，泰国开展了"军事旅游"以彰显其旅游特色，提高旅游项目的水平并吸引更多的国内外游客。

最初，泰国"军事旅游"主要项目是参观具有历史意义的军事遗址、博物馆之类的观光型旅游模式，以及进行简单的军事体验，比如尝试打靶、行军、越过障碍、学习野外求生的课程等。但发展至今，泰国的军事旅游已相对比较成熟，2012 年 4 月 9 日泰国军队与旅游局正式合作"军事旅游"，让普通民众能体验真实的军旅生活，以至吸引了大量的国内外游客。而以下几个方面在我国发展军事旅游上具有一定的借鉴意义。

（1）拥有真实的军旅体验

泰国的军事旅游体验丰富多彩，具体的一些体验有：在约一周的训练课程中，泰国军人会教游客结绳、急救、设陷阱、跳伞等技巧；游客可使用 M16 步枪射击及驾驶坦克，能学会判断哪些昆虫可食用，以及如何杀蛇饮蛇血等野外求生技巧。只需支付一小笔费用，游客便可驾驶轻型装甲雷诺坦克在向日葵地里巡航；只要花 200 铢（约合人民币 41 元），游客便可以在皇家军事学院学习如何使用枪，泰国士兵会循序渐进地逐步教游客如何拆装枪支。学完后，游客还会得到一份特殊的证书，证明枪法的精准程度。很多游客参加体验表示虽恐惧却终生难忘；花 10000 铢（约合人民币 2000 元），游客就能驾驶越战时期的塞斯纳 L-19 在天上飞 60 分钟，沿途还可以使用当时用于发现敌军的 360 度全景后窗来欣赏泰国农村的风景。

（2）军队与旅游部门的合作

之前，非法的军事体验一直是东南亚的旅游小特色。很多外籍居民为了吸引游客，找块丛林，买些不能用的火箭发射器或从军队"租用"几个冲锋枪，让游客尝试些军事体验。而最近几年，泰国皇家陆军已与泰国国家旅游局合作制订方案，使平民也可以合法体验军队生活。泰国皇家陆军的目标是给予全球游客做一天士兵的机会以及让游客拥有任何其他地方没有的军事体验。

（3）高素质的泰国特种兵

由于地势原因和要处置泰南叛乱分子的动乱活动，泰军特种兵拥有丰富的丛林作战经验和野外生存技巧，在野战生存、丛林作战等技术上都比较擅长。每年，美国海军陆战队队员都会到泰国学习丛林生存技巧。2012 年 2 月的"金色眼镜蛇"联合军事演习中，美国海军士兵就向泰国海军教练学习如何杀死眼镜蛇，生吃活肉；如何烤蝎子、烤蜥蜴等丛林特有的生存技术。

2.羊山古镇军事旅游

羊山古镇军事旅游区地处鲁西南革命老区，坐落在全国著名的"大蒜之乡""诚信之乡""长寿之乡"——山东省金乡县西北部羊山镇。度假区的前身是羊山烈士陵园，建立在鲁西南战役的遗址——羊山集上。新规划建设的羊山古镇国际军事旅游度假区，以山水、古镇为景观基底，以军事旅游、古镇文化体验为主题，辅以田园观光、文化展示、体育拓展等活动，是一个满足大众体验观光和中高端群体休闲需求的军事旅游度假区。总体规划面积 15 平方千米，预计总投入 22.4 亿元，共分三期建设。主要规划建设主题文化纪念区、古镇文化体验区、战役模拟区、拓展运动区、地质公园区、农业生态休闲区六大功能分区，内设战争军事、主题文化、古镇民俗、体育拓展和田园休闲五条主体游线。随着景区开发建设速度的加快，景区的规模日益壮大，知名度和影响力不断提高，在爱国主义教育和革命传统教育中的作用和地位越来越突出。景区已成为鲁西南地区精神文明建设的重要窗口、远近闻名的红色旅游景区，每年吸引前来瞻仰、旅游的群众达到 40 余万人次。并先后获得"全国爱国主义教育基地""全国国防教育示范基地""全国红色旅游经典景区""国家 3A 级旅游景区""济宁市十佳旅游景区"等荣誉称号。

以下几个方面具有借鉴意义：

（1）军事旅游与科普教育的融合。在 2013 年新上的建设项目中，建设动物科普教育基地，包括猛兽区、猴山、水禽湖、百鸟园等区域。并进行相关科研和科学普及以供游客观赏游览、增加动物科普知识。

（2）军事旅游与游乐项目的融合。在羊山古镇军事旅游区，建设有"游乐嘉年华""海世界水乐园"，将这些游乐场所的项目与体验军旅生活进行创新性地结合，增加了旅游景区的特色。

（3）观光旅游与体验旅游的融合。在羊山古镇军事旅游区，不仅建设具有历史文化意义的主题文化纪念区和环境优美的地质公园区，包括鲁西南战役纪念馆、金乡军事文化馆、王杰纪念馆、兵器园等，还建有具有真实体验性的真人 CS 战役模拟区、刘邓大军野炊营、拓展运动区。项目内容丰富多样，具有极大的挑战性和吸引力。

3. 长城水堡军事旅游

长城水堡项目地位于河北省迁安市西北部的五重安乡，除了西面三面环山，西部有一座水库。长城又名"紫塞"，坐落于大漠与山水之间，凝聚了中华民族的智慧，是民族气节与精神的象征。项目设计单位针对迁安市休闲市场现状，依托项目地良好的资源环境，以深度体验旅游开发为基础旅游功能，挖掘长城军事文化，规划出以水娱乐为支撑，以军事体验及军事拓展为核心并拓展休闲度假产业，然后随着开发的不断深入，延展产业链，从而形成集军事体验、水体娱乐、休闲度假等多功能于一体的深度军事体验综合性旅游项目。并鉴于现有军事旅游产品出现的诸多不足及制约因素，提出了军事旅游产品的 5E 体验（即审美体验、交换体验、娱乐体验、教育体验和延展体验五个方面），把旅游观光、文化体验、拓展训练、休闲度假、康体养生等旅游要素同长城军事文化有机地结合，因地制宜，形成了别具特色、富有创意的军事旅游度假区。

（1）长城水堡的审美体验

长城水堡以自然景观审美体验和人文景观审美体验两个方面为主。为带给游客全新的视觉审美体验，旅游区打造出特色种植、果海漫步、鸳鸯球（暗合戚继光之"鸳鸯阵"）、农业采摘等以本土植被为主的生态旅游产品，塑造了军事事象、军事特色建筑等，开展了军事拓展训练场、民兵战术训练场、地雷酒堡、空中长城游廊、梦回连营、兵器陈列区等项目，满足游客自然审美的同时，引发全新视觉体验及退伍军人的怀旧之情。

（2）长城水堡的交换体验

长城水堡规划了军事闯关赛、室内外打靶场、屯戍码头、长城水上休闲、木船桥、护卫桥、航母桥、野外生存体验、瓮城等项目，从而把军事文化、休闲体验和游乐健身结合起来，以娱乐游戏赛制的形式呈现给游客，使游客在感受到趣味性的同时，深刻了解军事相关知识并参与体验。

（3）长城水堡的娱乐体验

长城水堡以军事文化为本底，打造出集食、住、行、玩于一体的天然养生康健娱乐体验场所。游客可以在森林氧吧呼吸新鲜的空气，释放工作的压力。在地雷酒堡处品尝甘醇的葡萄酒。可以在滨水的人工沙滩上吹吹海风、享受炎炎夏日的凉爽。游玩后，农业军事文化餐厅、长城军事文化主题酒店是游客不二食宿之选。当夜幕降临时，游客可观看水幕电影，品尝海鲜烧烤排档的美味佳肴。

（4）长城水堡的教育体验

长城水堡在规划时，从人们的爱国情怀出发，注重军事文化的塑造，开发出以历史事件、名人逸事为背景，以地域文化为脉络的具有教育意义的旅游产品。由此展开了大阅兵图片长廊、将军大道、钓鱼岛、爱国墙、战斗英雄雕塑、戚继光祠等参观性教育项目和室内打靶场、室外打靶场、民兵战术训练场、军事拓展训练场、野外生存体验等参与性军事训练项目。让游客深入体验军人训练的过程，增加游览的兴趣，同时强化参与者的身体素质、磨砺他们的意志、培养他们吃苦耐劳的精神，增进他们团队的协作能力。

（5）长城水堡的延展体验

在旅游产品设计中，设计者不断地提升凝练军事文化的精华，深入地探索军事文化的延展空间，确定项目地发展方向，即成为情感交流空间、神圣纪念物、教育园地等。集中大量对军事感兴趣的游客，提供军事文化广场、展览馆、绿色腰带等物质载体，使其情感得到触动、内省、提升等。

（三）文山军事旅游

1. 国家军事公园

在麻栗坡兴建具有时代纪念意义的老山国家军事公园，围绕塑造"军魂"主题，建设军事主题博物馆、军人野外生存训练营、国家理想信念教育基地、老山峡谷漂流探险、CS 真人对抗等项目。

2. 国家军人公墓

捆绑文山州各县市烈士陵园，打造国家军人公墓，每年固定日期举行公祭仪式。

3. 军事遗迹公园

在麻栗坡金厂罗家坪大山建立军事遗迹公园，结合周边民族村寨开展军事遗迹参观、苗族风情体验、乡村旅游观光等旅游活动。

4. 国防教育活动

以马关双碉楼、茅坪国门、都龙口岸为依托，开展国土、国防教育等系列研学旅游活动。

5. 红色旅游活动

利用文山州富宁县、广南县、麻栗坡县等红色旅游资源，开展理想信念教育、红色军事参观等旅游活动。

五、高铁旅游

（一）高铁旅游发展概述

1. 世界高铁发展

1964 年，日本建成的东京至大阪高速铁路被认为是世界上第一条真正意义上高速铁路。自第一条高速铁路通车至今已有 50 多年的历史，纵观其发展历程，大致经历了以下几个发展阶段。

第一阶段：1964 年至 1990 年，日本东海道新干线的建成通车标志着世界高速铁路新纪元的到来。随后法国、意大利、德国纷纷修建高速铁路。

第二阶段：1990 年至 20 世纪 90 年代中期，法国、德国、比利时、荷兰、瑞典、英国等欧洲国家，大规模修建高速铁路，逐步形成了欧洲高速铁路网。

第三阶段：从 20 世纪 90 年代中期至今，亚洲（韩国、中国台北、中国）、北美洲（美国）、澳洲（澳大利亚）等世界范围内掀起了建设高速铁路的热潮。

在全世界高铁建设的浪潮中，我国也加快了高铁建设的步伐，京津城际高铁、武广高铁、郑西高铁纷纷投入运营。根据《中国铁路中长期发展规划》，预计到2020年我国高铁主干网络初步建成，200千米及以上高铁里程将超过1.8万千米，占世界高速铁路总里程的一半以上，届时将形成"四横四纵"的铁路快速客运通道以及五个城际快速客运系统。

2. 高铁旅游发展

旅游具有明显的地理特征，在空间上表现为旅游者从旅游客源地到旅游目的地之间的迁移，在这一过程中为旅游移动提供交通运输服务的各个部门、设施与服务，形成了旅游交通产业。旅游业的发展与旅游交通的进步密不可分，自古以来，交通状况深刻影响着人们的迁移活动，旅游交通的发展成为旅游业发展的重要推动力量，历史上旅游交通的每一次突破都会带来旅游业的跨越式发展。

高铁作为一种新式交通工具的出现，同样也为旅游业带来了翻天覆地的变化。高铁以其速度快、舒适性强、一站直达、公交化运行等优势，潜移默化地改变着人们以往舟车劳顿、走马观花式的旅游观念，催生出一种全新的出游方式：高铁旅游（high-speed train trip）。据不完全统计显示，截止到2015年年底，我国高铁动车组累计发送旅客量突破50亿人次，由此可以看出，高铁出行已经成为越来越多旅游者的选择。随着我国高铁事业的进一步开拓，高铁旅游将成为旅游业中的一股新生力量。

3. 高铁旅游优势

高铁旅游起步时间虽然较汽车旅游、火车旅游、飞机旅游晚，但由于高铁旅游与其他旅游方式相比存在一系列优势，因此已经在旅游市场上占据了一席之地，现将高铁旅游的优势概括如下：

（1）高铁旅游具有更大的便捷性

高铁缩短了旅游者在路上"旅"的时间，延长了在景区内"游"的时间，从而使得旅游者在有限的时间内能够获得更充分的游览体验。高铁的出现使得人们渴望的"朝发夕至""夕出朝归""双城生活"成为可能。在高铁旅游产品中，大部分以"两日游"或"三日游"为主，丰富了小长假的旅游行程，改变了短假期的省市周边游，使跨省跨地域旅游成为可能。

（2）高铁旅游运量大、稳定性高

高铁具有载客量大、班次多的优势，因此旅游者在时间上具有更大的选择空间，从而有利于旅游计划的顺利实现。另外，与其竞争比较激烈的飞机相比，高铁旅游受天气变化的影响比较小，具备全天候并且准点率高的优势，很少会出现延迟乃至晚点，可以最大限度地保证旅游过程中每个环节的衔接和顺利进行。

（3）高铁旅游具有更高的舒适度

与普通火车相比：普通火车设施相对老旧，由于车厢严重超员，导致车厢环境卫生脏乱差；而高铁内部设施齐全、设施现代化程度高、车厢内部宽敞明亮。与飞机相比：飞机内禁止使用一切电子设备，为公务人员带来的极大的不便；而高铁却有效克服了飞机的这一缺点。相比较而言，高铁旅游具有更高的舒适度、更加方便。

（二）高铁旅游案例借鉴

1. 案例简介

从 2014 年年底到 2017 年，贵州每年至少有一条高铁线路开通。面对如此机遇，高铁将改变贵州"三不沿"的短板，让珠三角等发达地区产业转移到贵州。同时，贵州名片将被重新打造，高铁将引领贵州品牌走向世界。

2014 年，随着贵广高铁、沪昆高铁等高铁线路的开通，贵州省旅游局携手几十家知名景区及旅游企业组成的贵州高铁旅游营销联盟，走进怀化、长沙、武汉、南昌、杭州、上海等沪昆高铁沿线和周边重要城市举办"多彩贵州"品牌旅游推介会，并与携程、阿里旅行签署高铁旅游营销战略合作协议，就旅游产品、资源置换、旅游营销、景区优惠等达成共识。同时，贵州的南江大峡谷、赤水、荔波、龙宫、织金洞等景区，也陆续推出惠及高铁游客的优惠政策及活动，如梵净山佛教文化苑推出凭 1 周内高铁票及本人身份证，可享受门票 2.5 折优惠活动。

2. 经验借鉴

（1）建立旅游景区营销联盟

贵州省紧紧抓住高铁开通带来的机遇，进行景区资源抱团联合营销，并且进行不同省份和城市之间的旅游区域联盟，扩大总体吸引力。2014 年，贵州省旅游局携手由贵州几十家知名景区及旅游企业组成的景区营销联盟举办了以"迎接贵广高铁—多彩贵州旅游推介会"为主题的高铁旅游推介活动，拉开了至深圳、肇庆、桂林、柳州、南宁五地的推介。

（2）建立高铁旅游合作机制

高铁的开通，对旅游业来说既是机遇又是挑战，面对高铁带来的机遇与挑战，加强区域合作成为旅游业持续健康发展的必然要求。2014 年年底，贵州省联合广西壮族自治区、广东省举办了以"迎接贵广高铁、深化区域合作、共建高铁经济带"为主题的贵广高铁旅游推介会,会上三省(区)共同达成协议,将贵广高铁区域打造成为中国最具特色的"山水文化走廊"。

(3)开发高铁慢游旅游产品

高铁旅游的快捷缩短了旅途时间,延长了游玩时间,这使得游客的旅行方式由原先的"快移"转变为"慢游",因此,旅游企业要打造与自身发展相符的"慢游"旅游产品体系。贵州省以"漫游"为契机,以"快行不贵,慢游很美"为主题,设计了多条涵盖全省的旅游线路,并且推出了特别优惠的措施和服务,游客可以选择时间,提前预订高铁产品。

(三)文山高铁旅游发展

1. 高铁旅游发展模式

(1)"景区抱团"模式

高铁时代背景下,单个景区单打独斗已不足以占领大份额市场,需要各个景区之间齐心协作,以达到抱团取暖的效果。南昆高铁在文山州共设有三个停靠点:普者黑、广南、富宁,目前来看,旅游业发展受高铁带动作用最大的是普者黑,据不完全统计显示,高铁开通后普者黑旅游业以300%的速度增长,这对于普者黑景区来说固然享受到了高铁带来的红利。但处于同一地州的其他景区经营状况却没有改善,甚至由于高铁的"虹吸效应"带走了一部分游客。为了使文山州旅游业得到整体上的提升,必须以高铁为依托,以普者黑为吸引点,开展"游普者黑,享其他景区半价游"活动,实现景区抱团发展。

(2)"高铁+"模式

目前来看,"机票+酒店"的模式是最流行的旅游自由行模式,而随着高铁的不断发展,已经衍生出一系列"高铁+景区""高铁+酒店""高铁+小车""高铁+媒体""高铁+互联网"的高铁自由行产品。例如,中国台湾某公司就曾与日本近铁集团共同开发了名字叫作"近畿铁道之旅"的铁路产品,该产品即从名古屋进、大阪出,行程共5天,以铁路干线作为串联旅游的主轴,产品包括近铁电车交通券、机票、住宿、早餐和晚餐。文山州可采取"高铁+"模式,使高铁与旅游各要素相结合,并且通过"1+1>2"的效益让旅游企业获得更大的利益、让旅游者获得更多的优惠。

(3)"旅游联盟"模式

以文山州政府为主导,联合交通业、住宿业、餐饮业、旅游景区等旅游企业组建高铁旅游联盟。联盟的主要作用是广泛联合南昆高铁沿线城市、旅游服务商、媒体等各界资源，合力打造高铁旅游产品研发、销售、服务平台。以发挥"高铁＋景区""高铁＋酒店""高铁＋小车""高铁＋媒体""高铁＋互联网""高铁＋服务"等新型旅游模式，为游客提供一种全新的出游理念；并以此为开端，开发更多创意性的"高铁旅游"主题产品，使游客获得更深刻的旅游体验。

2.高铁旅游活动策划

（1）"文山好风光"推介活动

在昆明、南宁、百色等南昆高铁沿线城市及周边重要城市举办"文山山水好风光"品牌旅游推介活动，届时邀请高铁沿线的主流媒体、旅游企业来采风，对文山州高铁旅游进行集中宣传。

（2）"坐高铁游文山"活动

2015年年底，中国网民已达6.88亿，因此，高铁旅游可以借力互联网。文山州政府组织开展"坐高铁游文山"活动，届时邀请全国的百位旅行家和微博达人，依托互联网进行宣传。

（3）高铁旅游票价优惠活动

乘坐高铁动车游文山，1周内可以凭借购买的高铁票及本人有效身份证，享受所有景区门票5折优惠（工作日）或7折优惠（休息日）。

项目统筹：郭海燕
责任编辑：郭海燕
责任印制：冯冬青
封面设计：鲁　筱

图书在版编目（ＣＩＰ）数据

文山州全域旅游开发研究 / 田里等著. -- 北京 ：
中国旅游出版社，2019.8
（云岭旅游规划丛书）
ISBN 978-7-5032-6232-6

Ⅰ. ①文… Ⅱ. ①田… Ⅲ. ①旅游资源开发－研究－
文山壮族苗族自治州 Ⅳ. ①F592.774.2

中国版本图书馆CIP数据核字(2019)第060930号

书　　名：文山州全域旅游开发研究

作　　者：田里，陈永涛等著
出版发行：中国旅游出版社
　　　　　（北京建国门内大街甲 9 号　邮编：100005）
　　　　　http://www.cttp.net.cn　E-mail:cttp@mct.gov.cn
　　　　　营销中心电话：010–85166536
排　　版：北京旅教文化传播有限公司
经　　销：全国各地新华书店
印　　刷：北京盛华达印刷科技有限公司
版　　次：2019 年 8 月第 1 版　2019 年 8 月第 1 次印刷
开　　本：710 毫米 ×1000 毫米　1/16
印　　张：11.5
字　　数：160 千
定　　价：58.00 元
ＩＳＢＮ　978–7–5032–6232–6

版权所有　翻印必究
如发现质量问题，请直接与营销中心联系调换